Dr. Oetker

KEKS KUCHEN

Dr. Oetker

KEKS KUCHEN

Dr. Oetker Verlag

4 VORWORT

Kekse – knusprig frisch oder zart zergehend, mit Schokolade überzogen oder mit Nüssen gebacken: Die kann man entweder gleich aufessen oder aber schichten, tränken, zerbröseln und mitbacken. Geben Sie Keksen die Chance der Verwandlung und des kulinarischen Aufstiegs. Widerstehen Sie der Versuchung, die Packung einfach aufzureißen und die Kekse direkt zu vernaschen.

Denn Kekse können viel mehr: Zarte Biskuitplätzchen vollenden als Streusel die Knusper-Keks-Torte. Buttergebäck umhüllt den Fanta Kuchen im Keksskleid und macht ihn so zum Blickfang. Mitgebackene Amarettinis perfektionieren die optische Ausstrahlung der Amarettini-Schoko-Torte und deren aromatischen Geschmack. Beschwipste Butterkekse finden in den Rumschnitten ihr Zuhause. Kernige Hafertaler sorgen am Rand der Haferkeks-Früchte-Torte für die nötige Stabilität und den frischen Look. Wer Cookies mit Schokostückchen liebt, wird sie zerbröselt, im Tortenboden der Schoko-Cookie-Torte mit Bananen versteckt, vergöttern.

Sie sehen, Kekse sind wahre Multitalente und haben es verdient zum Highlight der Kaffeetafel oder eines geselligen Kuchennachmittags zu werden.

Probieren Sie die Soft-Cake-Torte, den BLACK5-Früchte-Kuchen und die Erdbeer-Panna-Cotta-Muffins: Die Harmonie der Kekse mit Früchten, Sahne, Nüssen und Schokolade, ob gebacken oder aus dem Kühlschrank, wird Sie überzeugen.

Alle Rezepte wurden von uns ausprobiert und so beschrieben, dass sie Ihnen sicher gelingen.

6 SOFT-CAKE-TORTE 12 STÜCKE

PRO STÜCK: E: 10 g, F: 20 g, Kh: 42 g, kJ: 1612, kcal: 385, BE: 3,5
ZUBEREITUNGSZEIT: 60 Minuten, ohne Kühlzeit
BACKZEIT: etwa 25 Minuten

BELIEBT

FÜR DEN BISKUITTEIG:

2 Eier (Größe M)
2 EL heißes Wasser
100 g Zucker
1 Pck. Dr. Oetker Vanillin-Zucker
50 g Weizenmehl
50 g Speisestärke
1 gestr. TL Dr. Oetker Backin

FÜR DIE FÜLLUNG:

1 Pck. ungezuckerter Tortenguss, klar
10 g Zucker
200 ml Orangensaft
50 g Orangenmarmelade

FÜR DEN BELAG:

7 Blatt weiße Gelatine
500 g Speisequark (20 % Fett)
50 g Zucker
3 EL Orangensaft
250 g Schlagsahne (mind. 30 % Fett)
10–11 Griesson Soft Cakes Orange

FÜR DEN GUSS:

100 g Zartbitter-Schokolade (etwa 50 % Kakaoanteil)
125 g Schlagsahne

ZUM VERZIEREN UND GARNIEREN:

100 g Schlagsahne (mind. 30 % Fett)
3 Griesson Soft Cakes Orange

1. Den Backofen vorheizen.
Ober-/Unterhitze: etwa 180 °C
Heißluft: etwa 160 °C

2. Für den Biskuitteig Eier und Wasser mit einem Mixer (Rührstäbe) auf höchster Stufe in 1 Minute schaumig schlagen. Zucker mit Vanillin-Zucker mischen, in 1 Minute einstreuen, noch etwa 2 Minuten weiterschlagen.

3. Mehl mit Stärke und Backpulver mischen, auf die Eiercreme geben und auf niedrigster Stufe kurz unterrühren. Den Biskuitteig in einer Springform (Ø 26 cm, Boden gefettet, mit Backpapier belegt) verstreichen. Die Form auf dem Rost in den vorgeheizten Backofen schieben. Den Boden sofort **etwa 25 Minuten backen.**

4. Den Boden aus der Form lösen, auf einen mit Backpapier belegten Kuchenrost stürzen. Boden erkalten lassen, dann mitgebackenes Backpapier abziehen. Den Boden einmal waagerecht durchschneiden. Den unteren Boden auf eine mit Tortenspitze oder Backpapier belegte Tortenplatte legen. Einen Tortenring darumstellen.

5. Für die Füllung Tortenguss nach Packungsanleitung, aber mit den hier angegebenen Zutaten zubereiten und die Orangenmarmelade unterrühren. Den Guss von der Mitte aus gleichmäßig auf dem unteren Boden verteilen. Den oberen Boden darauflegen, etwas andrücken und etwa 30 Minuten in den Kühlschrank stellen.

6. Für den Belag Gelatine nach Packungsanleitung einweichen. Quark mit Zucker verrühren. Die Gelatine leicht ausdrücken und in einem kleinen Topf bei schwacher

Hitze unter Rühren auflösen. Aufgelöste Gelatine zunächst mit dem Orangensaft, dann mit 4 Esslöffeln der Quarkmasse verrühren, anschließend die Mischung unter die restliche Quarkmasse rühren.

7. Sahne steif schlagen und unter die Quarkmasse heben. Die Hälfte der Quarkcreme auf dem Boden verstreichen.

8. Einen Kreis aus Soft Cakes mit der Schokoladenseite nach unten etwa 1 cm vom Rand entfernt darauflegen. Die restliche Quarkcreme daraufgeben und verstreichen. Die Torte etwa 3 Stunden in den Kühlschrank stellen.

9. Für den Guss Schokolade in Stücke brechen und in einem kleinen Topf im Wasserbad bei schwacher Hitze unter Rühren schmelzen. Die Sahne nach und nach unterrühren. Die Schokoladensahne auf die Tortenoberfläche geben und verstreichen. Die Torte anschließend nochmals etwa 30 Minuten in den Kühlschrank stellen, bis der Guss fest geworden ist.

10. Tortenring lösen und entfernen. Sahne steif schlagen und in einen Spritzbeutel mit Sterntülle füllen. Die Torte mit 12 Sahnetuffs verzieren. Soft Cakes halbieren und an jeden 2. Tuff anlegen.

8 KNUSPER-KEKS-TORTE 14 STÜCKE

PRO STÜCK: E: 8 g, F: 15 g, Kh: 33 g, kJ: 1248, kcal: 298, BE: 2,5
ZUBEREITUNGSZEIT: 25 Minuten, ohne Abkühlzeit
BACKZEIT: etwa 25 Minuten

EINFACH – MIT ALKOHOL

FÜR DEN BISKUITTEIG:
3 Eier (Größe M)
3 EL heißes Wasser
100 g Zucker
1 Prise Salz
1 Pck. Dr. Oetker Vanillin-Zucker
125 g Weizenmehl
1 gestr. TL Dr. Oetker Backin
15 g Kakaopulver

FÜR DIE FÜLLUNG:
250 g Magerquark
400 g Schlagsahne (mind. 30 % Fett)
3 Pck. Sahnesteif
150 g Nuss-Nougatcreme

ZUM TRÄNKEN:
2–3 EL Schokoladen-Sahnelikör oder -Sirup

ZUM GARNIEREN:
150 g Eier-Biskuit-Plätzchen
2–3 TL Puderzucker

---

1. Den Backofen vorheizen.
Ober-/Unterhitze: etwa 180 °C
Heißluft: etwa 160 °C

2. Für den Teig Eier und Wasser mit einem Mixer (Rührstäbe) auf höchster Stufe in etwa 1 Minute schaumig schlagen. Zucker, Salz und Vanillin-Zucker mischen, in 1 Minute einstreuen, dann noch etwa 2 Minuten schlagen.

3. Mehl mit Backpulver und Kakao mischen, auf die Eiercreme geben und kurz auf niedrigster Stufe unterrühren. Den Teig in eine Springform (Ø 26 cm, Boden gefettet, mit Backpapier belegt) geben und glatt streichen.

4. Die Form auf dem Rost in den vorgeheizten Backofen schieben. Den Tortenboden **etwa 25 Minuten backen.**

5. Den Biskuitboden in der Form erkalten lassen. Dann den Boden aus der Form lösen und mitgebackenes Backpapier abziehen. Den Biskuitboden einmal waagerecht durchschneiden.

6. Für die Füllung Quark mit 2 Esslöffeln von der Sahne und 1 Päckchen Sahnesteif mit einem Schneebesen gut verrühren. Die Nuss-Nougatcreme zugeben und unterrühren. Restliche Sahne mit 2 Päckchen Sahnesteif steif schlagen. Geschlagene Sahne in 2 Portionen unter den Nougatquark ziehen.

7. Den unteren Boden mit Likör oder Sirup tränken und mit etwa einem Drittel der Nougatcreme bestreichen. Den oberen Boden daraufsetzen. Die Tortenoberfläche und den Tortenrand mit der restlichen Nougatcreme bestreichen.

8. Zum Garnieren die Kekse in einen Gefrierbeutel geben. Den Beutel verschließen und die Kekse grob zerbröseln. Die Torte mit den Keksbröseln umhüllen, mit Puderzucker bestäuben und servieren.

10 KIRSCH-CAKE-MUFFINS 12 STÜCK

PRO STÜCK: E: 4 g, F: 11 g, Kh: 37 g, kJ: 1089, kcal: 260, BE: 3,0
ZUBEREITUNGSZEIT: 35 Minuten, ohne Abkühlzeit
BACKZEIT: etwa 30 Minuten

FRUCHTIG – SÜSS

ZUM VORBEREITEN:

300 g Griesson Soft Cakes Kirsch
175 g abgetropfte Sauerkirschen (aus dem Glas)

FÜR DEN RÜHRTEIG:

100 g Butter oder Margarine (zimmerwarm)
50 g Zucker
1 Pck. Dr. Oetker Vanillin-Zucker
2 Eier (Größe M)
150 g Weizenmehl
1 gestr. TL Dr. Oetker Backin
½ gestr. TL Natron
75 g Joghurt (0,1 % Fett)

FÜR DEN SIRUP:

150 ml Sauerkirschsaft (aus dem Glas)
15 g Zucker

---

1. Zum Vorbereiten von den Keksen 18 Stück beiseitelegen. Die restlichen Kekse mit einem Sägemesser in kleine Stücke schneiden.

2. Die Mulden einer Muffinform (für 12 Muffins) mit Papierbackförmchen auslegen. Jeweils einen Keks von den beiseitegelegten Keksen mit der Schokoladenseite nach oben in ein Förmchen legen.

3. Den Backofen vorheizen.
Ober-/Unterhitze: etwa 180 °C
Heißluft: etwa 160 °C

4. Von den abgetropften Sauerkirschen den Saft auffangen und 150 ml abmessen. Den abgemessenen Saft für den Sirup beiseitestellen. Von den Kirschen 12 Stück zum Garnieren beiseitelegen.

5. Für den Teig Butter oder Margarine mit einem Mixer (Rührstäbe) auf höchster Stufe geschmeidig rühren. Nach und nach Zucker und Vanillin-Zucker unterrühren. So lange rühren, bis eine gebundene Masse entstanden ist.

6. Die Eier nach und nach unterrühren (jedes Ei etwa ½ Minute). Mehl mit Backpulver und Natron mischen, auf mittlerer Stufe kurz unterrühren. Joghurt ebenfalls kurz unterrühren. Keksstücke und Sauerkirschen unterheben.

7. Den Teig gleichmäßig in den Förmchen verteilen. Die Muffinform auf dem Rost in den vorgeheizten Backofen schieben. Die Muffins **etwa 30 Minuten backen.**

8. Die Muffinform auf einen Kuchenrost stellen. Muffins etwa 5 Minuten abkühlen lassen. Dann die Muffins aus der Form heben und auf dem Kuchenrost erkalten lassen.

9. Für den Sirup den abgemessenen Kirschsaft mit Zucker in einem kleinen Topf zum Kochen bringen und bei mittlerer Hitze etwa 15 Minuten einkochen lassen, sodass ein Sirup entsteht.

10. Die restlichen 6 beiseitegelegten Kekse halbieren. Die Muffins mit den beiseitegelegten Kirschen und den Kekshälften garnieren, mit dem Kirschsirup beträufeln. Sirup erkalten lassen.

12 LPG-TORTE 12 STÜCKE

PRO STÜCK: E: 7 g, F: 36 g, Kh: 45 g, kJ: 2277, kcal: 544, BE: 3,5
ZUBEREITUNGSZEIT: 45 Minuten, ohne Kühlzeit
BACKZEIT: 20–25 Minuten

GUT VORZUBEREITEN – MIT ALKOHOL

FÜR DEN RÜHRTEIG:
125 g Butter oder Margarine (zimmerwarm)
125 g Zucker
1 Pck. Dr. Oetker Vanillin-Zucker
3 Eier (Größe M)
150 g Weizenmehl
25 g Speisestärke
1 gestr. TL Dr. Oetker Backin

FÜR DIE FÜLLUNG:
750 ml Milch (3,5 % Fett)
1 Pck. Dr. Oetker Pudding-Pulver Vanille-Geschmack
1 Pck. Saucenpulver Vanille-Geschmack, zum Kochen
60 g Zucker
250 g Butter
75 ml Rum
etwa 150 g Butterkekse

FÜR DEN GUSS:
100 g Zartbitter-Schokolade (etwa 50 % Kakaoanteil)
1 TL Sonnenblumenöl

---

1. Den Backofen vorheizen.
Ober-/Unterhitze: etwa 180 °C
Heißluft: etwa 160 °C

2. Für den Teig Butter oder Margarine in einer Rührschüssel mit einem Mixer (Rührstäbe) geschmeidig rühren. Nach und nach Zucker und Vanillin-Zucker unterrühren. So lange rühren, bis eine gebundene Masse entstanden ist.

3. Eier nach und nach unterrühren (jedes Ei etwa ½ Minute). Mehl mit Stärke und Backpulver mischen, kurz unterrühren. Den Teig in einer Springform (Ø 26 cm, mit Backpapier belegt) verstreichen.

4. Die Form auf dem Rost im unteren Drittel in den vorgeheizten Backofen schieben. Den Tortenboden **20–25 Minuten backen.**

5. Den Gebäckboden aus der Form lösen und auf einem mit Backpapier belegten Kuchenrost erkalten lassen. Mitgebackenes Backpapier entfernen. Boden einmal waagerecht durchschneiden. Den unteren Gebäckboden auf eine Tortenplatte legen, einen Tortenring darumstellen.

6. Für die Füllung aus Milch, Pudding-Pulver, Saucenpulver und Zucker einen Pudding nach Packungsanleitung, aber mit den hier angegebenen Zutaten, zubereiten. Die Butter unter den heißen Pudding rühren. Die Puddingmasse unter gelegentlichem Rühren etwa 20 Minuten abkühlen lassen.

7. Die Hälfte der Puddingmasse auf den unteren Gebäckboden geben und glatt streichen. Die Hälfte des Rums in einen flachen Teller geben. Die Hälfte der Butterkekse jeweils halbieren und nacheinander kurz durch den Rum ziehen. Butterkekshälften auf der Puddingmasse verteilen.

8. Oberen Gebäckboden darauflegen. Restliche Puddingmasse darauf verteilen. Restliche Butterkekse halbieren und nur von einer Seite durch den Rum ziehen. Butterkekshälften mit der getränkten Seite dicht an dicht auf die Puddingmasse legen (evtl. die Butterkekse zurechtschneiden). Die Torte mindestens 4 Stunden zugedeckt in den Kühlschrank stellen.

9. Für den Guss Schokolade in Stücke brechen, mit Sonnenblumenöl in einem kleinen Topf im heißen Wasserbad bei schwacher Hitze unter Rühren schmelzen. Den Tortenring entfernen. Die Schokolade auf die Tortenoberfläche geben und glatt streichen. Schokolade fest werden lassen.

Tipp: Die Torte mit geraspelter und geschmolzener, weißer Schokolade verzieren.

14 ARANCA-MARMOR-TORTE 12 STÜCKE

PRO STÜCK: E: 6 g, F: 23 g, Kh: 43 g, kJ: 1700, kcal: 406, BE: 3,5
ZUBEREITUNGSZEIT: 40 Minuten, ohne Kühlzeit
BACKZEIT: etwa 25 Minuten

FÜR GÄSTE

FÜR DEN ALL-IN-TEIG:

125 g Weizenmehl
3 gestr. TL Dr. Oetker Backin
125 g Zucker
2 Eier (Größe M)
1 Pck. Dr. Oetker Vanillin-Zucker
125 g Butter oder Margarine (zimmerwarm)
50 ml Orangensaft
125 g Messino Mini (Kekse mit feiner Orangenfruchtfüllung von *Bahlsen)*

FÜR DIE FÜLLUNG:

1 Pck. Aranca Aprikose-Maracuja-Geschmack (Dessertpulver)
150 ml Wasser
300 g Himbeerjoghurt (3,5 % Fett)
200 g Schlagsahne
1 Pck. Aranca Zitrone-Geschmack (Dessertpulver)
150 ml Wasser
150 g Joghurt (3,5 % Fett)

ZUM BESTREICHEN UND VERZIEREN:

200 g Schlagsahne (mind. 30 % Fett)
1 Pck. Dr. Oetker Vanillin-Zucker

---

1. Den Backofen vorheizen.
Ober-/Unterhitze: etwa 180 °C
Heißluft: etwa 160 °C

2. Für den Teig Mehl mit Backpulver in einer Rührschüssel mischen. Restliche Zutaten bis auf die Kekse hinzufügen und mit einem Mixer (Rührstäbe) auf höchster Stufe in etwa 2 Minuten zu einem glatten Teig verarbeiten. Den Teig in eine Springform (Ø 26 cm, Boden gefettet) füllen und glatt streichen. 12 Kekse mit der Schokoladenseite nach unten auf die Teigoberfläche legen (restliche Kekse zum Garnieren beiseitelegen). Die Form auf dem Rost in den vorgeheizten Backofen schieben. Den Tortenboden **etwa 25 Minuten backen.**

3. Den Boden aus der Form lösen und auf einem mit Backpapier belegten Kuchenrost erkalten lassen.

4. Für die Füllung Aranca Aprikose-Maracuja mit 150 ml Wasser nach Packungsanleitung zubereiten, Himbeerjoghurt unterrühren. Sahne steif schlagen. Aranca Zitrone ebenfalls mit 150 ml Wasser nach Packungsanleitung zubereiten, Joghurt und Sahne unterheben.

5. Den Gebäckboden auf eine Tortenplatte legen, einen Tortenring darumlegen. Zwei Drittel der Zitronenmasse auf den Boden streichen. Aprikosen-Himbeer-Masse darauf verteilen und mit der restlichen Zitronenmasse bestreichen. Mit einer Gabel durch die Schichten ziehen, sodass ein Marmormuster entsteht. Die Torte mindestens 2 Stunden in den Kühlschrank stellen. Den Tortenring vorsichtig lösen und entfernen.

6. Zum Bestreichen und Verzieren die Sahne mit Vanillin-Zucker steif schlagen. 3 Esslöffel der Sahne in einen Spritzbeutel mit Sterntülle füllen. Dann den Tortenrand und die Tortenoberfläche mit der restlichen Sahne bestreichen. Mit der Sahne aus dem Spritzbeutel 12 Tuffs auf die Tortenoberfläche spritzen. Die restlichen Kekse daran anlegen.

Tipp: Wem die Farbe des Himbeerjoghurts nicht intensiv genug ist, der kann etwas rote Speisefarbe hinzufügen, um einen schöneren Kontrast bei der Marmorierung zu bekommen. Oder einige frische, verlesene Himbeeren zerdrücken und unterrühren.

16 WEINTRAUBEN-CRUMBLE-TARTE 12 STÜCKE

PRO STÜCK: E: 4 g, F: 17 g, Kh: 31 g, kJ: 1226, kcal: 293, BE: 2,5
ZUBEREITUNGSZEIT: 35 Minuten, ohne Abkühlzeit
BACKZEIT: etwa 45 Minuten

EINFACH

FÜR DIE FÜLLUNG:

je 250 g grüne und blaue, kernlose Weintrauben
25 g flüssiger Honig
1 Pck. Dr. Oetker Bourbon-Vanille-Zucker

FÜR DEN STREUSELTEIG:

200 g Cantuccini (ital. Mandelgebäck)
100 g Weizenmehl
60 g brauner Rohrzucker
50 g gem. Mandeln
1 Prise gem. Zimt
150 g kalte Butter

ZUM BESTREUEN:

30 g abgezogene, gem. Mandeln

---

1. Für die Füllung die Weintrauben abwaschen, trocken tupfen, entstielen und halbieren oder vierteln. Die Weintraubenstücke mit Honig und Vanille-Zucker vermischen und etwa 10 Minuten durchziehen lassen.

2. In der Zwischenzeit für den Streuselteig Cantuccini mit einem Messer grob zerkleinern und dann in einem Zerkleinerer (Blitzhacker) fein zerbröseln.

3. Mehl in eine Rührschüssel geben. Cantuccini-Brösel, Zucker, Mandeln und Zimt hinzufügen und gut vermischen. Butter in kleinen Stücken hinzugeben. Die Zutaten mit einem Mixer (Rührstäbe) zunächst kurz auf niedrigster, dann auf höchster Stufe zu Streuseln verarbeiten.

4. Gut die Hälfte der Streusel in eine Tarteform (Ø etwa 28 cm, gefettet, bemehlt) geben und mit bemehlten Händen zu einem Boden andrücken.

5. Die Weintraubenmischung in ein Sieb geben, abtropfen lassen und dabei den Saft auffangen.

6. Den Backofen vorheizen.
Ober-/Unterhitze: etwa 180 °C
Heißluft: etwa 160 °C

7. Die Hälfte der Mandeln auf den Teigboden streuen. Die abgetropfte Weintraubenmischung darauf verteilen, dabei am Rand etwa 1 cm frei lassen. Die restlichen Mandeln daraufstreuen und die restlichen Streusel darauf verteilen.

8. Die Form auf dem Rost in den vorgeheizten Backofen schieben. Die Tarte **etwa 45 Minuten backen.**

9. Die Tarte auf einen Kuchenrost stellen und erkalten lassen.

Tipp: Die Tarte mit 250 g griechischem Sahnejoghurt, verrührt mit dem 2–3 Esslöffeln vom abgetropften Weintraubensaft, servieren.

18 AMARETTINI-SCHOKO-TORTE 14 STÜCKE

PRO STÜCK: E: 5 g, F: 22 g, Kh: 35 g, kJ: 1506, kcal: 359, BE: 3,0
ZUBEREITUNGSZEIT: 40 Minuten, ohne Kühlzeit
BACKZEIT: etwa 30 Minuten

BEGEISTERT GÄSTE

ZUM VORBEREITEN FÜR DEN RÜHRTEIG:

100 g Zartbitter-Schokolade (etwa 50 % Kakaoanteil)
100 g Amarettini (ital. Mandelmakronen)

FÜR DEN RÜHRTEIG:

125 g Butter oder Margarine (zimmerwarm)
70 g Puderzucker
1 Pck. Dr. Oetker Bourbon-Vanille-Zucker
1 Prise Salz
3 Eier (Größe M)
100 g Weizenmehl
2 gestr. TL Dr. Oetker Backin
2 gestr. TL gesiebtes Kakaopulver (5 g)

ZUM BELEGEN:

70 g Amarettini (ital. Mandelmakronen)

ZUM BESTREICHEN:

225 g Wild-Preiselbeeren (aus dem Glas)

FÜR DIE FÜLLUNG:

50 g Zartbitter-Schokolade (etwa 50 % Kakaoanteil)
400 g Schlagsahne (mind. 30 % Fett)
1 TL Zucker
2 Pck. Sahnesteif

---

1. Zum Vorbereiten Schokolade in Stücke brechen. Zwei Drittel davon in einem Topf im Wasserbad bei schwacher Hitze unter Rühren schmelzen. Den Topf aus dem Wasserbad nehmen. Restliche Schokolade darin unter Rühren schmelzen. Geschmolzene Schokolade etwas abkühlen lassen.

2. Amarettini in einen Gefrierbeutel füllen. Den Beutel verschließen. Gebäck mit einer Teigrolle fein zerbröseln.

3. Den Backofen vorheizen.
Ober-/Unterhitze: etwa 180 °C
Heißluft: etwa 160 °C

4. Für den Rührteig Butter oder Margarine mit einem Mixer (Rührstäbe) auf höchster Stufe geschmeidig rühren. Nach und nach Puderzucker, Vanille-Zucker und Salz unterrühren. So lange rühren, bis eine gebundene Masse entstanden ist.

5. Eier nach und nach unterrühren (jedes Ei etwa ½ Minute). Mehl mit Backpulver, Kakaopulver und Amarettini-Bröseln mischen und auf mittlerer Stufe kurz unterrühren. Geschmolzene Schokolade kurz unterrühren.

6. Den Rührteig halbieren. Eine Teighälfte in eine Springform (Ø 26 cm, Boden gefettet) geben und glatt streichen.

7. Zum Belegen die Hälfte der Amarettini darauf verteilen. Die Form auf dem Rost in den vorgeheizten Backofen schieben. Den Tortenboden **etwa 15 Minuten backen.**

8. Den gebackenen Tortenboden etwa 3 Minuten auf einem Kuchenrost abkühlen lassen. Dann den Tortenboden aus der Form lösen und auf einem mit Backpapier belegten Kuchenrost erkalten lassen.

9. Aus dem restlichen Teig wie beschrieben einen zweiten Tortenboden backen und erkalten lassen.

10. Einen Tortenboden mit der Amarettini-Seite nach oben auf eine Tortenplatte legen. Von den Wild-Preiselbeeren 2 Esslöffel zum Garnieren beiseitelegen. Restliche Wild-Preiselbeeren auf dem Tortenboden verstreichen.

11. Für die Füllung Schokolade fein reiben und etwa 1 Esslöffel zum Bestreuen beiseitelegen. Die Sahne mit Zucker und Sahnesteif steif schlagen und halbieren. Die restliche geriebene Schokolade unter eine Sahnehälfte heben. Die Schokosahne auf den bestrichenen Tortenboden geben und glatt streichen.

12. Den zweiten Tortenboden ebenfalls mit den Amarettini nach oben darauflegen. Die restliche Sahne in einen Spritzbeutel mit Lochtülle (Ø 8–10 mm) füllen und Tuffs auf die Torte spritzen. Die Torte mit den beiseitegelegten Wild-Preiselbeeren garnieren und mit der beiseitegelegten geriebenen Schokolade bestreuen. Die Torte etwa 1 Stunde in den Kühlschrank stellen.

20 KOKOS-BIENENSTICH-TORTE 12 STÜCKE

PRO STÜCK: E: 4 g, F: 22 g, Kh: 36 g, kJ: 1484, kcal: 356, BE: 3,0
ZUBEREITUNGSZEIT: 40 Minuten, ohne Kühlzeit
BACKZEIT: etwa 25 Minuten

CREMIG GEFÜLLT

ZUM VORBEREITEN:

225 g Kokoszwieback
40 g Butter

FÜR DEN TEIG:

3 Eier (Größe M)
100 g Zucker
1 Pck. Dr. Oetker Vanillin-Zucker
50 g Weizenmehl
1 gestr. TL Dr. Oetker Backin

FÜR DEN BELAG:

30 g Zucker
20 g Kokosraspel

FÜR DIE FÜLLUNG:

1 Pck. Dr. Oetker Pudding-Pulver Sahne-Geschmack
50 g Zucker
400 g ungesüßte Kokosmilch
125 g Butter
2 EL Limettensaft

---

1. Zum Vorbereiten Kokoszwieback in Stücke brechen, in einem Zerkleinerer (Blitzhacker) zu feinen Bröseln verarbeiten. Die Butter zerlassen und abkühlen lassen.

2. Den Backofen vorheizen.
Ober-/Unterhitze: etwa 180 °C
Heißluft: etwa 160 °C

3. Für den Teig Eier mit einem Mixer (Rührstäbe) auf höchster Stufe in 1 Minute schaumig schlagen. Zucker mit Vanillin-Zucker mischen, in 1 Minute einstreuen, dann noch etwa 2 Minuten schlagen.

4. Mehl mit Backpulver und 175 g von den Kokoszwieback-Bröseln mischen, auf die Eiercreme geben und kurz auf niedrigster Stufe unterrühren.

5. Den Teig in eine Springform (Ø 26 cm, Boden gefettet, mit Backpapier belegt) geben und glatt streichen.

6. Für den Belag restliche Kokoszwieback-Brösel (50 g) mit Zucker und Kokosraspeln mischen. Die zerlassene Butter hinzufügen, mit dem Mixer (Rührstäbe) verrühren. Die Masse vorsichtig auf dem Biskuitteig verteilen.

7. Die Form auf dem Rost in den vorgeheizten Backofen schieben. Den Biskuitboden **etwa 25 Minuten backen.**

8. Den Biskuitboden aus der Form lösen, mit dem Backpapier auf einen Kuchenrost ziehen und erkalten lassen.

9. Für die Füllung in der Zwischenzeit aus Pudding-Pulver, Zucker und Kokosmilch nach Packungsanleitung, aber mit den hier angegebenen Zutaten, einen Pudding zubereiten. Die Butter in kleine Stücke schneiden und mit dem Limettensaft in den von der Kochstelle genommenen Pudding rühren. Frischhaltefolie direkt auf die Puddingoberfläche legen. Den Pudding erkalten lassen.

10. Vom Biskuitboden das mitgebackene Backpapier vorsichtig entfernen. Boden einmal waagerecht durchschneiden. Unteren Boden auf eine Tortenplatte legen.

11. Den Kokospudding mit dem Mixer (Rührstäbe) cremig aufschlagen, dann auf den unteren Tortenboden geben und glatt streichen. Den oberen Tortenboden mit einem Sägemesser in 12 Tortenstücke schneiden. Die Tortenstücke auf den Kokospudding legen und leicht andrücken. Die Kokos-Bienenstich-Torte zugedeckt etwa 1 Stunde in den Kühlschrank stellen.

22 FANTA KUCHEN IM KEKSKLEID* ETWA 15 STÜCKE

PRO STÜCK: E: 4 g, F: 11 g, Kh: 32 g, kJ: 1035, kcal: 247, BE: 2,5
ZUBEREITUNGSZEIT: 35 Minuten, ohne Abkühlzeit
BACKZEIT: 55–65 Minuten

KNUSPRIG VERKLEIDET

ZUM VORBEREITEN FÜR DEN TEIG:

200 g Buttergebäck (z. B. Butterblätter von Bahlsen)

FÜR DEN TEIG:

3 Eier (Größe M)
125 g Zucker
1 Pck. Dr. Oetker Vanillin-Zucker
½ Pck. Dr. Oetker Finesse Orangenschalen-Aroma
75 ml Sonnenblumenöl
75 ml Fanta Orange
175 g Weizenmehl
2 gestr. TL Dr. Oetker Backin
175 g abgetropfte Mandarinen (aus der Dose)

FÜR DEN GUSS:

100 g Zartbitter-Schokolade
(etwa 50 % Kakaoanteil)
3 EL Fanta Orange

1. Zum Vorbereiten für den Teig 16 Kekse vom Buttergebäck beiseitelegen. Die restlichen Kekse des Buttergebäcks in einen Gefrierbeutel füllen. Den Beutel fest verschließen und das Gebäck mit einer Teigrolle fein zerbröseln.

2. Den Backofen vorheizen.
Ober-/Unterhitze: etwa 180 °C
Heißluft: etwa 160 °C

3. Für den Teig Eier, Zucker und Vanillin-Zucker mit einem Mixer (Rührstäbe) zunächst auf niedrigster, dann auf höchster Stufe 2 Minuten schaumig schlagen. Orangen-Aroma, Sonnenblumenöl und Limonade kurz unterrühren.

4. Mehl mit Backpulver mischen und kurz auf mittlerer Stufe unterrühren. Die Buttergebäckbrösel (etwa 125 g) unterheben.

5. Vom Teig 4 Esslöffel in eine Kastenform (25 x 11 cm, gefettet, mit Backpapier ausgelegt) geben und verstreichen. Von den beiseitegelegten Keksen nebeneinander jeweils 6 an die Längsseiten und jeweils 2 an die kurzen Seiten der Kastenform stellen.

6. Die Mandarinen kurz mit dem Mixer (Rührstäbe) unter den restlichen Teig rühren. Den Teig in die Form geben und glatt streichen. Die Form auf dem Rost in den vorgeheizten Backofen schieben. Den Kuchen **15–20 Minuten backen.** Dann den Kuchen mit einem spitzen Messer der Länge nach mittig etwa 1 cm tief einschneiden. Den Kuchen wieder in den Backofen schieben. Den Kuchen **weitere 40–45 Minuten backen**.

7. Den Kuchen mit dem Backpapier aus der Form heben und auf einem Kuchenrost erkalten lassen.

8. Für den Guss Schokolade in kleine Stücke brechen. Zwei Drittel davon mit der Limonade in einem Topf im Wasserbad bei schwacher Hitze unter Rühren schmelzen. Den Topf aus dem Wasserbad nehmen und die restliche Schokolade darin unter Rühren schmelzen.

9. Das Backpapier vom Kuchen entfernen. Den Guss auf der Kuchenoberfläche verteilen und in „Nasen" an den Seiten herunterlaufen lassen. Guss fest werden lassen.

*Rezept nicht durch Coca-Cola autorisiert.

24 RAHMKUCHEN MIT ORANGENKEKSEN 12 STÜCKE

PRO STÜCK: E: 6 g, F: 28 g, Kh: 42 g, kJ: 1844, kcal: 441, BE: 3,5
ZUBEREITUNGSZEIT: 50 Minuten, ohne Abkühlzeit
BACKZEIT: 60–65 Minuten

EINE SÜNDE WERT

ZUM VORBEREITEN:
125 g runde Orangenkekse (Orangenbiskuits)

FÜR DEN TEIG:
125 g Weizenmehl
100 g Butter oder Margarine (zimmerwarm)
40 g Zucker

FÜR DEN GRIESS-MARZIPAN-RAHM:
250 ml Milch (3,5 % Fett)
500 g Schlagsahne
1 Pck. Dr. Oetker Bourbon-Vanille-Zucker
70 g Zucker
50 g Weichweizengrieß
100 g Marzipan-Rohmasse
2 Eigelb (Größe M)
½ Pck. Dr. Oetker Finesse Orangenschalen-Aroma

AUSSERDEM:
150 g Heidelbeeren
150 g Himbeeren

FÜR DEN GUSS:
4 EL rotes Gelee (z. B. Kirsche oder Johannisbeere)

---

1. Zum Vorbereiten von den Orangenkeksen 16 Kekse beiseitelegen. Die restlichen Orangenkekse in einen Gefrierbeutel füllen. Den Beutel fest verschließen und das Gebäck mit einer Teigrolle fein zerbröseln.

2. Für den Teig Mehl mit 60 g von den Keksbröseln in einer Rührschüssel mischen. Butter oder Margarine und Zucker hinzufügen und mit einem Mixer (Knethaken) zunächst kurz auf niedrigster, dann auf höchster Stufe gut durcharbeiten.

3. Anschließend auf einer leicht bemehlten Arbeitsfläche kurz zu einem Teig verkneten. Sollte er kleben, ihn in Frischhaltefolie gewickelt etwa 30 Minuten in den Kühlschrank legen.

4. Den Backofen vorheizen.
Ober-/Unterhitze: etwa 180 °C
Heißluft: etwa 160 °C

5. Zwei Drittel des Teiges auf dem Boden einer Springform (Ø 26 cm, gefettet) ausrollen. Springformrand darumstellen. Den Teigboden mehrmals mit einer Gabel einstechen. Die Form auf dem Rost in den vorgeheizten Backofen schieben. Den Boden **etwa 10 Minuten vorbacken.**

6. Die Form auf einen Kuchenrost stellen. Den Boden erkalten lassen.

7. Inzwischen für den Rahm Milch mit Sahne, Vanille-Zucker und Zucker in einen Topf geben, unter Rühren zum Kochen bringen. Grieß unter Rühren dazugeben, etwa 5 Minuten bei schwacher Hitze köcheln lassen, dabei gelegentlich umrühren. Topf von der Kochstelle nehmen.

8. Marzipan grob raspeln und unter den noch heißen Rahm-Pudding rühren, solange rühren, bis die Marzipanraspel vollständig aufgelöst sind.

9. Eigelb und Orangenschalen-Aroma unter den Grieß-Marzipan-Rahm rühren, etwa 15 Minuten erkalten lassen, dabei gelegentlich durchrühren.

10. Den restlichen Teig kneten und zu einer langen Rolle formen. Die Teigrolle auf den vorgebackenen Boden legen und so an die Form drücken, dass ein etwa 2 ½ cm hoher Rand entsteht.

11. Heidel- und Himbeeren verlesen, kurz abspülen und gut auf Küchenpapier abtropfen lassen. Etwa 200 g der Beeren auf dem vorgebackenen Boden verteilen, die restlichen Orangenkeksbrösel daraufstreuen. Den Grieß-Marzipan-Rahm daraufgeben und verstreichen.

12. Die beiseitegelegten Orangenkekse auf dem Rahm verteilen und die restlichen Beeren in die Zwischenräume geben. Die Form auf dem Rost in den vorgeheizten Backofen schieben. Den Kuchen **50–55 Minuten backen.**

13. Den Kuchen in der Form auf einem Kuchenrost etwa 15 Minuten abkühlen lassen. Den Springformrand lösen und entfernen. Den Kuchen auf dem Kuchenrost erkalten lassen. Dann den Kuchen vom Springformboden lösen und auf eine Tortenplatte legen.

14. Für den Guss Gelee in einem kleinen Topf zum Kochen bringen. Das Gelee mit einem kleinen Löffel auf den Beerenfrüchten verteilen und erkalten lassen.

Tipp: Den Guss können Sie auch aus einem Päckchen Tortengusspulver, 250 ml rotem Fruchtsaft und 1 Teelöffel Zucker nach Packungsanleitung zubereiten.

26 RUSSISCH-BROT-TORTE 14 STÜCKE

PRO STÜCK: E: 5 g, F: 19 g, Kh: 40 g, kJ: 1476, kcal: 353, BE: 3,5
ZUBEREITUNGSZEIT: 30 Minuten, ohne Kühlzeit
BACKZEIT: etwa 40 Minuten

GELINGT LEICHT

ZUM VORBEREITEN:

370 g abgetropfte Sauerkirschen (aus dem Glas)
100 g Russisch Brot (Gebäck in Buchstabenform)

FÜR DEN RÜHRTEIG:

200 g Butter oder Margarine (zimmerwarm)
170 g Zucker
4 Eier (Größe M)
220 g Weizenmehl
3 gestr. TL Dr. Oetker Backin

FÜR DEN GUSS:

1 Pck. ungezuckerter Tortenguss, klar
250 ml Kirschsaft (aus dem Glas)
20 g Zucker

ZUM GARNIEREN:

200 g Schlagsahne (mind. 30 % Fett)
1 EL Puderzucker

---

1. Zum Vorbereiten Sauerkirschen in einem Sieb abtropfen lassen, dabei den Saft für den Guss auffangen und 250 ml davon abmessen. Vom Russisch Brot 14 ganze Buchstaben zum Garnieren beiseitelegen. Die restlichen Buchstaben in einen Gefrierbeutel geben. Beutel verschließen. Russisch Brot mit einer Teigrolle fein zerbröseln.

2. Den Backofen vorheizen.
Ober-/Unterhitze: etwa 180 °C
Heißluft: etwa 160 °C

3. Für den Rührteig Butter oder Margarine mit einem Mixer (Rührstäbe) auf höchster Stufe geschmeidig rühren. Zucker nach und nach unterrühren, so lange rühren, bis eine gebundene Masse entstanden ist. Eier nach und nach unterrühren (jedes Ei etwa ½ Minute).

4. Mehl mit Backpulver mischen, in 2 Portionen kurz auf mittlerer Stufe unterrühren. Russisch-Brot-Brösel unterrühren. Kirschen unterheben.

5. Den Teig in eine Springform (Ø 26 cm, gefettet) füllen und glatt streichen. Die Form auf dem Rost im unteren Drittel in den vorgeheizten Backofen schieben. Die Torte **etwa 40 Minuten backen.**

6. Die Form auf einen Kuchenrost stellen und etwa 10 Minuten abkühlen lassen. Dann den Rand der Springform lösen und entfernen. Die Torte erkalten lassen, vom Springformboden lösen und auf eine Platte legen.

7. Für den Guss aus Tortengusspulver, abgemessenem Saft und Zucker nach Packungsanleitung einen Guss zubereiten. Guss spiralförmig auf der Torte verteilen. Torte etwa 1 Stunde in den Kühlschrank stellen.

8. Zum Garnieren die Schlagsahne mit Puderzucker steif schlagen, in einen Spritzbeutel mit Lochtülle (Ø etwa 10 mm) füllen. 14 gleich große Tupfen, für jedes Tortenstück einen, am Rand der Tortenoberfläche aufspritzen. Jeweils einen beiseitegelegten Russisch-Brot-Buchstaben daransetzen.

32 FLORENTINER-MÖHREN-MUFFINS 12 STÜCK

PRO STÜCK: E: 5 g, F: 14 g, Kh: 31 g, kJ: 1147, kcal: 274, BE: 2,5
ZUBEREITUNGSZEIT: 20 Minuten, ohne Abkühlzeit
BACKZEIT: 25–30 Minuten

RAFFINIERTE MISCHUNG

ZUM VORBEREITEN:

150 g Möhren
50 g Florentiner (Mandelkrokantgebäck)

FÜR DEN ALL-IN-TEIG:

150 g Weizenmehl
2 gestr. TL Dr. Oetker Backin
50 g gem. Mandeln
120 g Zucker
1 Pck. Dr. Oetker Vanillin-Zucker
3 Eier (Größe M)
120 g Butter (zimmerwarm)

FÜR BELAG UND GUSS:

1 Möhre (etwa 70 g)
1 EL Zitronensaft
70 g Puderzucker
50 g Florentiner

1. Zum Vorbereiten Möhren putzen, schälen, abspülen und trocken tupfen. Die Möhren fein reiben. Florentiner hacken (in einem Blitzhacker oder Zerkleinerer) oder mit einem Messer in kleine Stücke schneiden.

2. Den Backofen vorheizen.
Ober-/Unterhitze: etwa 180 °C
Heißluft: etwa 160 °C

3. Für den Teig Mehl mit Backpulver und Mandeln in einer Rührschüssel mischen. Restliche Zutaten hinzufügen und mit einem Mixer (Rührstäbe) zunächst kurz auf niedrigster, dann auf höchster Stufe in etwa 2 Minuten zu einem glatten Teig verarbeiten. Vorbereitete Möhrenraspel und Florentinerstückchen kurz unterrühren.

4. Den Teig in eine Muffinform (für 12 Muffins, gefettet) geben und glatt streichen. Die Form auf dem Rost in den vorgeheizten Backofen schieben. Die Muffins **25–30 Minuten backen.**

5. Die Muffins etwa 10 Minuten in der Form stehen lassen, dann aus der Form lösen und auf einem Kuchenrost erkalten lassen.

6. Für Belag und Guss Möhre putzen, schälen, abspülen, trocken tupfen und in sehr feine Streifen schneiden. Zitronensaft und Puderzucker zu einer dickflüssigen Masse verrühren. Den Guss auf die Muffins streichen, mit Möhrenstreifen und in Stücke gebrochenen Florentinern garnieren. Guss fest werden lassen.

34 QUARK-ZWIEBACK-KUCHEN 12 STÜCKE

PRO STÜCK: E: 9 g, F: 18 g, Kh: 30 g, kJ: 1342, kcal: 320, BE: 2,5
ZUBEREITUNGSZEIT: 35 Minuten, ohne Abkühlzeit
BACKZEIT: etwa 50 Minuten

SCHMECKT GROSS UND KLEIN

FÜR DEN GEBÄCKBODEN:

200 g Schoko-Zwieback
50 g gem. Mandeln
1 Pck. Dr. Oetker Bourbon-Vanille-Zucker
100 g Butter

FÜR DIE FÜLLUNG:

340 g abgetropfte Ananasstücke (aus der Dose)
500 g Sahnequark
2 Eier (Größe M)
1 Pck. Gala Pudding-Pulver Sahne-Geschmack
75 g Zucker

ZUM GARNIEREN:

2–3 EL rotes Johannisbeer- oder Himbeergelee

---

1. Für den Gebäckboden die Zwiebäcke in Stücke brechen und in einem Zerkleinerer (Blitzhacker) zu feinen Bröseln verarbeiten. Zwiebackbrösel, Mandeln und Vanille-Zucker in einer Rührschüssel vermischen. Butter zerlassen, zur Bröselmischung geben, mit einem Mixer (Rührstäbe) zunächst auf niedrigster, dann auf höchster Stufe zu Streuseln verarbeiten. 3 gehäufte Esslöffel von den Streuseln beiseitestellen.

2. Den Backofen vorheizen.
Ober-/Unterhitze: etwa 180 °C
Heißluft: etwa 160 °C

3. Die restlichen Streusel in einer Springform (Ø 26 cm, gefettet) mit einem Esslöffel zu einem Boden andrücken.

4. Für die Füllung die Ananasstücke auf dem Streuselboden verteilen, dabei einen etwa 1 cm breiten Rand vom Springformrand frei lassen. Quark mit Eiern, Pudding-Pulver und Zucker verrühren. Die Quarkmasse auf die Ananasstücke geben und verstreichen. Die beiseitegestellten Bröselstreusel so daraufstreuen, dass noch etwas von der Quarkmasse zu sehen ist.

5. Die Form auf dem Rost in den vorgeheizten Backofen schieben. Den Kuchen **etwa 50 Minuten backen.**

6. Die Form auf einen Kuchenrost stellen. Den Kuchen in der Form etwa 15 Minuten abkühlen lassen. Dann den Kuchen vom Springformrand lösen und den Rand entfernen. Den Kuchen auch vom Boden lösen, aber darauf auf dem Kuchenrost erkalten lassen.

7. Zum Garnieren den Kuchen vom Springformboden auf eine Tortenplatte umsetzen. Gelee in einem kleinen Topf zum Kochen bringen und sofort mit einem Löffel in Klecksen auf der Kuchenoberfläche verteilen. Gelee fest werden lassen.

Tipps: Wer den Kuchen anstelle von Gelee mit einem Schokoguss verzieren möchte, kann dafür 50 g Zartbitter-Schokolade hacken und mit ½ Teelöffel Sonnenblumenöl bei schwacher Hitze unter Rühren schmelzen. Den Kuchen wie beschrieben damit garnieren.
Statt Ananasstücke schmecken auch Tortenpfirsiche (aus der Dose, in Spalten geschnitten) sehr gut in diesem Quark-Zwieback-Kuchen.

36 APFELKUCHEN MIT SCHOKOKEKSEN 12 STÜCKE

PRO STÜCK: E: 5 g, F: 14 g, Kh: 45 g, kJ: 1765, kcal: 332, BE: 4,0
ZUBEREITUNGSZEIT: 40 Minuten, ohne Abkühlzeit
BACKZEIT: etwa 60 Minuten

VERFÜHRERISCHES DUO

FÜR DEN RÜHRTEIG:

125 g Butter oder Margarine (zimmerwarm)
100 g Zucker
3 Eier (Größe M)
200 g Weizenmehl
2 gestr. TL Dr. Oetker Backin
150 g Sahne-Pudding Bourbon-Vanille (aus dem Kühlregal)

FÜR DIE FÜLLUNG UND DEN BELAG:

150 g Schokokekse (z. B. Chokini von Bahlsen)
800 g rotschalige Äpfel (z. B. Gala oder Elstar)

ZUM BESTREICHEN UND BESTREUEN:

1 EL Zitronensaft
1 EL Zucker

FÜR DEN GUSS:

250 ml klarer Apfelsaft
1 Pck. ungezuckerter Tortenguss, klar
20 g Zucker

---

1. Für den Teig Butter oder Margarine mit einem Mixer (Rührstäbe) auf höchster Stufe geschmeidig rühren. Nach und nach Zucker unterrühren. So lange rühren, bis eine gebundene Masse entstanden ist.

2. Eier nach und nach unterrühren (jedes Ei etwa ½ Minute). Mehl mit Backpulver mischen und mit dem Pudding abwechselnd in 2 Portionen auf mittlerer Stufe kurz unterrühren.

3. Den Backofen vorheizen.
Ober-/Unterhitze: etwa 180 °C
Heißluft: etwa 160 °C

4. Die Hälfte des Teiges in eine Springform (Ø 26 cm, Boden gefettet) geben und glatt streichen.

5. Für die Füllung und den Belag die Hälfte der Schokokekse auf den Teig legen. Die Äpfel heiß abwaschen, abtrocknen und mit einem Apfelausstecher das Kerngehäuse entfernen. Die Äpfel in etwa 2 mm dünne Scheiben schneiden. Ein Drittel der Äpfel auf den Schokokeksen verteilen, dabei am Rand etwa 1 cm frei lassen.

6. Den restlichen Teig auf die Apfelscheiben geben, vorsichtig glatt streichen, zuerst mit den restlichen Schokokeksen belegen, dann mit den restlichen Apfelscheiben belegen. Die Apfelscheiben sofort mit dem Zitronensaft bestreichen und mit dem Zucker bestreuen. Die Form auf dem Rost in den vorgeheizten Backofen schieben. Den Apfelkuchen **etwa 60 Minuten backen.**

7. Die Form auf einen Kuchenrost stellen. Den Kuchen etwa 15 Minuten in der Form stehen lassen, dann aus der Form lösen und auf den mit Backpapier belegten Kuchenrost setzen. Den Apfelkuchen erkalten lassen. Dann den Apfelkuchen auf eine Tortenplatte setzen.

8. Für den Guss aus Apfelsaft, Tortengusspulver und Zucker nach Packungsanleitung einen Tortenguss herstellen und auf dem Apfelkuchen verteilen. Tortenguss fest werden lassen.

Tipps: Die Äpfel lassen sich gut mit einer elektrischen Schneidemaschine in dünne Scheiben schneiden. Sie können die Äpfel auch schälen, dann die Menge auf etwa 900 g erhöhen.

38 GELBE-GRÜTZE-TORTE IM WAFFELKLEID 12 STÜCKE

RUNDUM KNUSPRIG

PRO STÜCK: E: 6 g, F: 20 g, Kh: 39 g, kJ: 1522, kcal: 364, BE: 3,5
ZUBEREITUNGSZEIT: 45 Minuten, ohne Kühlzeit
BACKZEIT: etwa 30 Minuten

ZUM VORBEREITEN:

200 g Butterwaffeln

FÜR DEN RÜHRTEIG:

125 g Butter (zimmerwarm)
70 g Puderzucker
3 Eier (Größe M)
120 g Weizenmehl
1 ½ gestr. TL Dr. Oetker Backin
50 ml Milch (3,5 % Fett)

FÜR DEN BELAG:

1 Pck. Gala Sahne-Pudding-Pulver
30 g Zucker
300 ml Milch (3,5 % Fett)
200 g Schlagsahne

FÜR DIE GELBE GRÜTZE:

130 g abgetropfte Tortenpfirsiche (aus der Dose)
50 ml Pfirsichsaft (aus der Dose)
100 ml Orangensaft von 1–1 ½ Orangen
1 Birne (etwa 200 g, z. B. Williams Christ)
125 g grüne kernlose Weintrauben
1 kleine Banane (etwa 125 g)
4 Blatt weiße Gelatine

1. Zum Vorbereiten 90 g Butterwaffeln in Stücke brechen, in einen Zerkleinerer (Blitzhacker) geben und zu feinen Bröseln verarbeiten. Von den restlichen Butterwaffeln so viele halbieren oder dritteln, dass insgesamt 12 etwa 4 cm hohe Waffeln entstehen. Diese mit der Schnittseite nach unten an den Rand einer Springform (Ø 26 cm, Boden gefettet, mit Backpapier belegt) stellen. Die restlichen ganzen Waffeln auf den Springformboden legen (es bleiben größere Freiräume zwischen den Waffeln).

2. Den Backofen vorheizen.
Ober-/Unterhitze: etwa 180 °C
Heißluft: etwa 160 °C

3. Für den Teig Butter mit einem Mixer (Rührstäbe) auf höchster Stufe geschmeidig rühren. Puderzucker nach und nach unterrühren. So lange rühren, bis eine gebundene Masse entstanden ist.

4. Eier nach und nach unterrühren (jedes Ei etwa ½ Minute). Mehl mit Backpulver und den Waffelbröseln mischen und abwechselnd mit der Milch in 2 Portionen auf mittlerer Stufe kurz unterrühren.

5. Den Teig vorsichtig nach und nach in die vorbereitete Springform geben und glatt streichen. Die Form auf dem Rost in den vorgeheizten Backofen schieben. Den Tortenboden **etwa 30 Minuten backen.**

6. Die Form auf einen Kuchenrost stellen. Den Tortenboden erkalten lassen.

7. Für den Belag aus Pudding-Pulver, Zucker, Milch und Sahne nach Packungsanleitung, aber mit den hier angegebenen Zutaten und Mengen, einen Pudding zubereiten. Den Pudding sofort nach und nach auf den Tortenboden geben und glatt streichen. Den Kuchen zugedeckt etwa 1 Stunde in den Kühlschrank stellen.

8. Für die gelbe Grütze von den Tortenpfirsichen den Saft auffangen, 50 ml davon abmessen und mit dem Orangensaft in einen Kochtopf geben. Birne schälen, vierteln und das Kerngehäuse entfernen. Die Birnenviertel in etwa 1 cm große Stücke schneiden.

9. Weintrauben abspülen, trocken tupfen, entstielen und halbieren. Banane schälen, in etwa 1 cm dicke Scheiben schneiden. Tortenpfirsiche in etwa 1 cm dicke Stücke schneiden. Gelatine nach Packungsanleitung einweichen.

10. Die Fruchtsaftmischung zum Kochen bringen. Birnenstücke, Weintraubenhälften und Bananenscheiben dazugeben. Die Zutaten etwa 2 Minuten bei schwacher Hitze unter vorsichtigem Rühren kochen lassen. Dann die Pfirsichstücke hinzugeben und kurz miterhitzen. Die Gelatine leicht ausdrücken, zu den Früchten geben und unter Rühren darin auflösen. Den Topf von der Kochstelle nehmen. Die Grütze in den Kühlschrank stellen, dabei ab und zu vorsichtig umrühren.

11. Sobald die Grütze anfängt dicklich zu werden, sie auf dem Pudding verteilen. Die Torte zugedeckt etwa 1 Stunde in den Kühlschrank stellen und die Grütze fest werden lassen.

12. Die Waffeltorte vorsichtig aus der Form lösen und auf eine Tortenplatte setzen.

40 BLACK5-FRÜCHTE-KUCHEN 20 STÜCKE

PRO STÜCK: E: 5 g, F: 11 g, Kh: 32 g, kJ: 1038, kcal: 248, BE: 2,5
ZUBEREITUNGSZEIT: 40 Minuten, ohne Abkühlzeit
BACKZEIT: etwa 25 Minuten

SCHOKO-FRUCHTIG

ZUM VORBEREITEN:
225 g BLACK5 (Kakaokekse mit Vanille-Creme-Füllung)

FÜR DEN RÜHRTEIG:
150 g Butter oder Margarine (zimmerwarm)
120 g Puderzucker
1 Pck. Dr. Oetker Bourbon-Vanille-Zucker
4 Eier (Größe M)
275 g Weizenmehl
3 gestr. TL Dr. Oetker Backin
150 g Vanille-Quark
125 g getrocknete Sauerkirschen
200 g frische, geschälte Ananas (aus dem Kühlregal)

ZUM BESTREUEN:
25 g gehobelte Mandeln
1 EL brauner Zucker

---

1. Zum Vorbereiten die Kekse durch Drehen voneinander trennen, die weiße Füllung abschaben und in eine Rührschüssel geben. 20 der 50 Kekshälften beiseitelegen. Restliche 30 Kekshälften in einen Gefrierbeutel geben, den Beutel fest verschließen und das Gebäck mit einer Teigrolle fein zerbröseln.

2. Den Backofen vorheizen.
Ober-/Unterhitze: etwa 180 °C
Heißluft: etwa 160 °C

3. Für den Rührteig Butter oder Margarine in die Rührschüssel zu der Keksfüllung geben, mit einem Mixer (Rührstäbe) auf höchster Stufe geschmeidig rühren. Nach und nach Puderzucker und Vanille-Zucker unterrühren. So lange rühren, bis eine gebundene Masse entstanden ist.

4. Eier nach und nach unterrühren (jedes Ei etwa ½ Minute). Mehl mit Backpulver mischen und in 2 Portionen auf mittlerer Stufe kurz unterrühren. Den Teig in 2 gleich große Portionen teilen.

5. Unter eine Teighälfte die vorbereiteten Keksbrösel (etwa 100 g) und den Vanille-Quark rühren. Die Sauerkirschen in kleine Stücke hacken und unterheben. Den Keks-Sauerkirsch-Teig auf ein Backblech (30 x 40 cm, gefettet) geben und glatt streichen.

6. Die Ananas in sehr kleine Stücke schneiden und unter die andere Teighälfte heben. Den Ananasteig auf den Keks-Sauerkirsch-Teig geben und vorsichtig verstreichen. Den Teig in regelmäßigen Abständen mit den beiseitegelegten Kekshälften belegen. Den Kuchen zuerst mit den Mandeln, dann mit dem Zucker bestreuen.

7. Das Backblech in den vorgeheizten Backofen schieben. Den Kuchen **etwa 25 Minuten backen.**

8. Das Backblech auf einen Kuchenrost stellen. Den Kuchen erkalten lassen. BLACK5-Früchte-Kuchen in Stücke schneiden und servieren.

Tipp: Dazu schmeckt geschlagene Sahne.

42 HOBBITS-STACHELBEER-KUCHEN 16–18 STÜCKE

PRO STÜCK: E: 4 g, F: 17 g, Kh: 36 g, kJ: 1293, kcal: 308, BE: 3,0
ZUBEREITUNGSZEIT: 40 Minuten, ohne Abkühlzeit
BACKZEIT: 40–45 Minuten

KNUSPERGENUSS

ZUM VORBEREITEN:

360 g abgetropfte Stachelbeeren (aus dem Glas)
3 EL Stachelbeersaft (aus dem Glas)
125 g getrocknete Cranberrys
250 g Hobbits *kernig* (Hafer-Mürbekeks von Brandt)

FÜR DEN ALL-IN-TEIG:

50 g Weizenmehl
1 gestr. TL Dr. Oetker Backin
100 g Zucker
2 Eier (Größe M)
120 g Butter oder Margarine (zimmerwarm)

FÜR DEN BELAG:

200 g Schmand (Sauerrahm)
1 Ei (Größe M)
25 g Zucker
1 Pck. Dr. Oetker Vanillin-Zucker
10 g Speisestärke

FÜR DIE STREUSEL:

50 g Marzipan-Rohmasse
70 g Zucker
1 Pck. Dr. Oetker Vanillin-Zucker
60 g Butter (zimmerwarm)

ZUM BESTÄUBEN

2 TL Puderzucker

1. Zum Vorbereiten von den abgetropften Stachelbeeren den Saft auffangen und 3 Esslöffel davon abmessen. Den abgemessenen Saft in einem Topf erwärmen. Die Cranberrys unterrühren und etwa 15 Minuten durchziehen lassen, dabei den Topf von der Kochstelle nehmen.

2. In der Zwischenzeit die Kekse in einen Gefrierbeutel füllen. Den Beutel fest verschließen und das Gebäck mit einer Teigrolle fein zerbröseln. Oder die Kekse in einem Zerkleinerer (Blitzhacker) fein zerbröseln. Die Keksbrösel in 2 gleich große Portionen teilen.

3. Für den All-in-Teig Mehl mit Backpulver in einer Rührschüssel mischen. Eine Keksbröselportion, Zucker, Eier und Butter oder Margarine hinzufügen, mit einem Mixer (Rührstäbe) zunächst kurz auf niedrigster, dann auf höchster Stufe in etwa 2 Minuten zu einem glatten Teig verarbeiten.

4. Einen Backrahmen in der Größe von etwa 25 x 25 cm auf ein Backblech (mit Backpapier belegt) stellen. Den Teig hineingeben und glatt streichen. Die Stachelbeeren mit den eingeweichten Cranberrys vermischen und auf dem Teig verteilen.

5. Den Backofen vorheizen.
Ober-/Unterhitze: etwa 180 °C
Heißluft: etwa 160 °C

6. Für den Belag Schmand mit Ei, Zucker, Vanillin-Zucker und Speisestärke gut verrühren. Den Schmandbelag auf der Stachelbeer-Cranberry-Mischung verteilen und glatt streichen.

7. Für die Streusel Marzipan raspeln und mit den restlichen Keksbröseln in eine Rührschüssel geben. Zucker, Vanillin-Zucker und Butter hinzufügen. Die Zutaten mit einem Mixer (Rührstäbe) zunächst kurz auf niedrigster, dann auf höchster Stufe zu Streuseln von gewünschter Größe verarbeiten.

8. Die Streusel auf dem Belag verteilen. Das Backblech in den vorgeheizten Backofen schieben. Den Kuchen **40–45 Minuten backen.**

9. Den Kuchen auf dem Backblech auf einem Kuchenrost erkalten lassen. Dann den Backrahmen entfernen. Den Kuchen in Stücke schneiden und mit Puderzucker bestäuben.

Tipp: Servieren Sie Vanille-Sauce zum Kuchen.

44 KIRSCH-BUTTERSPRITZGEBÄCK-KUCHEN 20 STÜCKE

PRO STÜCK: E: 4 g, F: 15 g, Kh: 30 g, kJ: 1130, kcal: 270, BE: 2,5
ZUBEREITUNGSZEIT: 40 Minuten, ohne Abkühlzeit
BACKZEIT: etwa 25 Minuten

GELINGT LEICHT

ZUM VORBEREITEN FÜR DEN ALL-IN-TEIG:

200 g Butterspritzgebäckringe
370 g abgetropfte Sauerkirschen (aus dem Glas)

FÜR DEN ALL-IN-TEIG:

100 g Weizenmehl
2 gestr. TL Dr. Oetker Backin
2 Pck. Gala Schokoladen-Pudding-Pulver
70 g Zucker
1 Pck. Dr. Oetker Vanillin-Zucker
4 Eier (Größe M)
175 g Butter oder Margarine (zimmerwarm)

FÜR DEN BELAG:

200 g Butterspritzgebäckringe
175 g abgetropfte Sauerkirschen (aus dem Glas)

FÜR DEN GUSS:

10 g Speisestärke
1 TL Zucker
150 ml Sauerkirschsaft (aus dem Glas)

1. Zum Vorbereiten für den Teig das Butterspritzgebäck in einen Gefrierbeutel füllen. Den Beutel fest verschließen und das Gebäck mit einer Teigrolle fein zerbröseln. Oder das Butterspritzgebäck in einem Zerkleinerer (Blitzhacker) fein zerbröseln. Von den abgetropften Sauerkirschen den Saft auffangen und 150 ml für den Guss abmessen und beiseitestellen.

2. Den Backofen vorheizen.
Ober-/Unterhitze: etwa 180 °C
Heißluft: etwa 160 °C

3. Für den All-in-Teig Mehl mit Backpulver und Pudding-Pulver in einer Rührschüssel mischen. Gebäckbrösel, Zucker, Vanillin-Zucker, Eier und Butter oder Margarine hinzufügen und mit einem Mixer (Rührstäbe) zunächst kurz auf niedrigster, dann auf höchster Stufe in etwa 2 Minuten zu einem glatten Teig verarbeiten. Die Sauerkirschen kurz unterheben.

4. Den Teig auf ein Backblech (30 x 40 cm, gefettet, bemehlt) geben und glatt streichen.

5. Für den Belag die Butterspritzgebäckringe mit einem Sägemesser halbieren und mit Abstand auf dem Teig verteilen. Die Sauerkirschen zwischen dem Spritzgebäck auf dem Teig verteilen.

6. Das Backblech in den vorgeheizten Backofen schieben. Den Kuchen **etwa 25 Minuten backen.**

7. Das Backblech auf einen Kuchenrost stellen und den Kuchen erkalten lassen.

8. Für den Guss Speisestärke mit Zucker und 2 Esslöffeln von dem abgemessenen Sauerkirschsaft verrühren. Restlichen Sauerkirschsaft in einem Topf zum Kochen bringen. Den Topf von der Kochstelle nehmen. Die angerührte Speisestärke einrühren. Das Ganze unter Rühren wieder zum Kochen bringen. Den Guss mit einem Esslöffel auf den Kirschen und der Kuchenoberfläche verteilen. Guss erkalten lassen.

46 RUMSCHNITTEN 24 STÜCKE

PRO STÜCK: E: 5 g, F: 16 g, Kh: 27 g, kJ: 1160, kcal: 277, BE: 2,0
ZUBEREITUNGSZEIT: 40 Minuten, ohne Abkühlzeit
BACKZEIT: etwa 20 Minuten

BESCHWIPSTER KEKSKUCHEN

ZUM VORBEREITEN:
2 Pck. Dr. Oetker Pudding-Pulver Vanille-Geschmack
4 EL Zucker
1 l Milch (3,5 % Fett)

FÜR DEN BISKUITTEIG:
7 Eier (Größe M)
150 g Zucker
1 Pck. Dr. Oetker Vanillin-Zucker
150 g Weizenmehl
2 ½ gestr. TL Dr. Oetker Backin

FÜR DIE FÜLLUNG:
250 g Butter (zimmerwarm)
50 ml Eierlikör

FÜR DEN BELAG:
etwa 120 g Butterkekse (24 Stück)
50 ml Rum

FÜR DEN GUSS:
200 g Zartbitter-Schokolade
3 TL Sonnenblumenöl

---

1. Zum Vorbereiten einen Pudding aus Pudding-Pulver, Zucker und Milch nach Packungsanleitung zubereiten. Pudding in eine Rührschüssel geben und erkalten lassen, dabei ab und zu umrühren.

2. Den Backofen vorheizen.
Ober-/Unterhitze: etwa 200 °C
Heißluft: etwa 180 °C

3. Für den Teig Eier in einer Rührschüssel mit einem Mixer (Rührstäbe) auf höchster Stufe in 1 Minute schaumig schlagen. Zucker mit Vanillin-Zucker mischen, unter Rühren in 1 Minute einstreuen und noch etwa 2 Minuten schlagen. Mehl mit Backpulver mischen und kurz auf niedrigster Stufe unterrühren.

4. Einen Backrahmen auf ein Backblech (30 x 40 cm, gefettet) stellen. Den Teig in den Backrahmen geben und glatt streichen. Das Backblech in den vorgeheizten Backofen schieben. Die Biskuitplatte **etwa 20 Minuten backen.**

5. Das Backblech auf einen Kuchenrost stellen und die Biskuitplatte erkalten lassen.

6. Für die Füllung Butter mit einem Mixer (Rührstäbe) schaumig rühren. Erkaltete Puddingmasse esslöffelweise unterrühren (darauf achten, dass Butter und Pudding Zimmertemperatur haben, da die Creme sonst gerinnt). Eierlikör hinzufügen und auf mittlerer Stufe unterrühren. Die Buttercreme auf der Biskuitplatte verteilen.

7. Für den Belag Butterkekse auf die Creme legen. Die Butterkekse mit einem Backpinsel mit Rum bestreichen.

8. Für den Guss Schokolade in Stücke brechen und mit dem Sonnenblumenöl in einem kleinen Topf im Wasserbad bei schwacher Hitze schmelzen. Die Butterkekse mit dem Guss überziehen. Guss fest werden lassen.

Tipps: Die Rumschnitten einen Tag vor dem Verzehr zubereiten, damit sie besser durchgezogen sind. Zum Servieren die Schnitten mit etwas Kakao bestäuben.

48 APFEL-MANDARINEN-KUCHEN 20 STÜCKE

PRO STÜCK: E: 3 g, F: 10 g, Kh: 25 g, kJ: 857, kcal: 205, BE: 2,0
ZUBEREITUNGSZEIT: 45 Minuten, ohne Abkühlzeit
BACKZEIT: etwa 35 Minuten

BEI KINDERN BELIEBT

FÜR DEN RÜHRTEIG:

5 Riegel PiCK UP! Choco & Milch (Leibniz, etwa 140 g)
150 g Butter oder Margarine (zimmerwarm)
100 g Zucker
1 Pck. Dr. Oetker Vanillin-Zucker
3 Eier (Größe M)
225 g Dinkelmehl (Type 630)
2 gestr. TL Dr. Oetker Backin
150 g Joghurt (3,5 % Fett)

FÜR DEN BELAG:

6–7 kleine Äpfel (z. B. Elstar, etwa 750 g)
175 g abgetropfte Mandarinen (aus der Dose)

FÜR DEN GUSS:

2–3 EL Aprikosenkonfitüre
2 EL Mandarinensaft (aus der Dose)

1. Für den Teig die Keksriegel in etwa ½ cm große Würfel schneiden.

2. Butter oder Margarine in einer Rührschüssel mit einem Mixer (Rührstäbe) geschmeidig rühren. Nach und nach Zucker und Vanillin-Zucker unterrühren. So lange rühren, bis eine gebundene Masse entstanden ist.

3. Eier nach und nach unterrühren (jedes Ei etwa ½ Minute). Mehl mit Backpulver mischen, in 2 Portionen abwechselnd mit dem Joghurt kurz auf mittlerer Stufe unterrühren. Die Kekswürfel unterrühren. Den Teig auf einem Backblech (30 x 40 cm, gefettet) verstreichen.

4. Den Backofen vorheizen.
Ober-/Unterhitze: etwa 180 °C
Heißluft: etwa 160 °C

5. Für den Belag Äpfel schälen, vierteln und entkernen. Apfelviertel mehrmals der Länge nach einschneiden. Von den abgetropften Mandarinen den Saft auffangen und 2 Esslöffel für den Guss abmessen. Apfelviertel und Mandarinen auf dem Teig verteilen.

6. Das Backblech in den vorgeheizten Backofen schieben. Den Kuchen **etwa 35 Minuten backen.**

7. Für den Guss Konfitüre mit dem Mandarinensaft in einem kleinen Topf unter Rühren aufkochen lassen.

8. Das Backblech auf einen Kuchenrost stellen. Die Kuchenoberfläche sofort mit dem Guss bestreichen. Den Kuchen erkalten lassen.

50 MANGO-MINIKEKS-SCHNITTCHEN 16 STÜCKE

PRO STÜCK: E: 3 g, F: 11 g, Kh: 29 g, kJ: 975, kcal: 233, BE: 2,5
ZUBEREITUNGSZEIT: 35 Minuten, ohne Kühlzeit
BACKZEIT: 15–20 Minuten

FRUCHTIG

ZUM VORBEREITEN:

460 g abgetropfte Mangoscheiben (aus der Dose)
300 ml Mangosaft (aus der Dose)

FÜR DEN ALL-IN-TEIG:

100 g Weizenmehl
1 ½ gestr. TL Dr. Oetker Backin
125 g Zucker
½ Pck. Dr. Oetker Finesse Geriebene Zitronenschale
2 Eier (Größe M)
70 g Butter oder Margarine (zimmerwarm)

FÜR DEN BELAG:

1 gestr. EL Zucker
1 Pck. ungezuckerter Tortenguss, klar

FÜR DIE CREME:

3 Blatt weiße Gelatine
125 ml Buttermilch
250 g Schlagsahne (mind. 30 % Fett)
2 EL Puderzucker

ZUM GARNIEREN:

125 g Leibniz Minis Choco (Mini-Butterkekse mit Schokolade)

1. Den Backofen vorheizen.
Ober-/Unterhitze: etwa 180 °C
Heißluft: etwa 160 °C

2. Zum Vorbereiten von den Mangoscheiben den Saft auffangen. Davon 50 ml für den Teig und 250 ml für den Belag abmessen.

3. Für den Teig Mehl mit Backpulver in einer Rührschüssel mischen. Zucker, Zitronenschale, Eier, Butter oder Margarine und 50 ml Mangosaft hinzufügen. Die Zutaten kurz auf niedrigster, dann auf höchster Stufe in etwa 2 Minuten zu einem glatten Teig verarbeiten.

4. Einen Backrahmen (20 x 30 cm) auf ein Backblech (gefettet, mit Backpapier belegt) stellen. Den Teig hineingeben und glatt streichen.

5. Das Backblech in den vorgeheizten Backofen schieben. Die Gebäckplatte **15–20 Minuten backen.**

6. Den Backrahmen lösen und entfernen. Die Gebäckplatte auf einen mit Backpapier belegten Kuchenrost stürzen und erkalten lassen. Mitgebackenes Backpapier abziehen. Gebäckplatte auf ein Backblech legen und den gesäuberten Backrahmen darumstellen.

7. Für den Belag die abgetropften Mangoscheiben auf der Gebäckplatte verteilen. Aus 250 ml Mangosaft, Zucker und Tortengusspulver einen Guss nach Packungsanleitung, aber mit den hier angegebenen Zutaten, zubereiten. Den Guss auf den Mangoscheiben verteilen. Den Kuchen etwa 30 Minuten in den Kühlschrank stellen.

8. Für die Creme Gelatine nach Packungsanleitung einweichen. Die Hälfte der Buttermilch erwärmen. Gelatine leicht ausdrücken und in der Buttermilch unter Rühren auflösen. Restliche Buttermilch unterrühren und anschließend in den Kühlschrank stellen.

9. Sahne mit Puderzucker steif schlagen. Sobald die Buttermilchmasse anfängt zu gelieren, Sahne unterheben. Die Creme auf die Mangoscheiben geben und glatt streichen. Auf der Creme Kuchenstücke markieren.

10. Zum Garnieren Butterkekse auf die markierten Kuchenstücke legen. Den Kuchen mindestens 1 Stunde in den Kühlschrank stellen. Den Backrahmen mit einem Messer lösen und entfernen. Kuchen in Stücke schneiden.

52 SCHOKO-WAFFEL-HÖRNCHEN 12 STÜCK

PRO STÜCK: E: 3 g, F: 15 g, Kh: 24 g, kJ: 1008, kcal: 241, BE: 2,0
ZUBEREITUNGSZEIT: 35 Minuten, ohne Kühlzeit
BACKZEIT: etwa 20 Minuten

VON DER HAND IN DEN MUND

11. Den heißen Kuchen mit einem Backpinsel mit dem eingekochten Saft bestreichen. Den Kuchen erkalten lassen.

Tipp: Reichen Sie zum Kuchen 200 g Schlagsahne, mit einem Päckchen Sahnesteif und 3 Esslöffeln von dem Birnen-Rosmarin-Saft steif geschlagen, dazu.

58 BEERENOBST-SCHNITTEN 14 STÜCKE

PRO STÜCK: E: 6 g, F: 7 g, Kh: 24 g, kJ: 764, kcal: 182, BE: 2,0
ZUBEREITUNGSZEIT: 35 Minuten, ohne Abkühlzeit
BACKZEIT: etwa 25 Minuten

SCHMECKEN ZU KAFFEE UND TEE

ZUM VORBEREITEN FÜR DEN TEIG:
200 g Schoko-Biskuitzungen

FÜR DEN BELAG:
150 ml Apfel- oder Orangensaft
1 Pck. ungezuckerter Tortenguss, klar
20 g Zucker
300 g ungesüßte TK-Beerenmischung

FÜR DEN TEIG:
100 g Weizenmehl
2 ½ gestr. TL Dr. Oetker Backin
20 g Zucker
150 g Magerquark
50 ml Milch (1,5 % Fett)
50 ml Sonnenblumenöl

FÜR DEN GUSS:
100 g Magerquark
1 Pck. Dr. Oetker Bourbon-Vanille-Zucker
1 Ei (Größe M)
1 gestr. EL Speisestärke

ZUM BESTREUEN:
25 g gehobelte Mandeln

ZUM BESTÄUBEN:
1–2 TL Puderzucker

1. Zum Vorbereiten für den Teig 14 Biskuitzungen beiseitelegen. Restliche Biskuitzungen in einen Gefrierbeutel füllen. Den Beutel fest verschließen. Gebäck mit einer Teigrolle fein zerbröseln. Von den Bröseln 100 g für den Teig abwiegen. Die restlichen Gebäckbrösel beiseitestellen.

2. Für den Belag aus Saft, Tortengusspulver und Zucker nach Packungsanleitung einen Tortenguss herstellen. Den Topf von der Kochstelle nehmen und die TK-Beerenmischung unterrühren. Die Beerenmasse erkalten lassen.

3. Für den Teig Mehl mit Backpulver in einer Rührschüssel mischen. 100 g Gebäckbrösel, Zucker, Quark, Milch und Sonnenblumenöl hinzugeben und mit einem Mixer (Knethaken) zunächst kurz auf niedrigster, dann auf höchster Stufe gut durcharbeiten.

4. Anschließend auf einer leicht bemehlten Arbeitsfläche kurz zu einem Teig verkneten. Sollte er kleben, ihn in Frischhaltefolie gewickelt eine Zeit lang in den Kühlschrank legen.

5. Den Backofen vorheizen.
Ober-/Unterhitze: etwa 180 °C
Heißluft: etwa 160 °C

6. Den Teig auf einer bemehlten Arbeitsfläche zu einem Rechteck (etwa 30 x 16 cm) ausrollen. Das Teigrechteck auf ein Backblech (30 x 40 cm, mit Backpapier belegt) legen. Den Teigrand rundherum gut 2 cm hochdrücken. Die beiseitegestellten Gebäckbrösel daraufstreuen. Die Fruchtmasse darauf verteilen und vorsichtig verstreichen.

7. Für den Guss Quark mit Vanille-Zucker, Ei und Stärke mit einem Schneebesen verrühren. Den Guss auf der Beerenmasse verteilen. Die beiseitegelegten Biskuitzungen mit der Schokoladenseite nach unten an den Längsseiten des Kuchens auflegen. Die Mandeln daraufstreuen.

8. Das Backblech in den vorgeheizten Backofen schieben. Den Kuchen **etwa 25 Minuten backen.**

9. Den Kuchen mit dem Backpapier auf einen Kuchenrost ziehen und erkalten lassen.

10. Zum Servieren den Kuchen mit Puderzucker bestäuben und in Schnitten schneiden.

60 KEKSKUCHEN MIT STACHELBEEREN 18 STÜCKE

PRO STÜCK: E: 3 g, F: 11 g, Kh: 22 g, kJ: 836, kcal: 199, BE: 2,0
ZUBEREITUNGSZEIT: 50 Minuten, ohne Kühlzeit
BACKZEIT: etwa 10 Minuten

SAHNESCHNITTCHEN

FÜR DEN BISKUITTEIG:

2 Eier (Größe M)
60 g Zucker
1 Pck. Dr. Oetker Vanillin-Zucker
50 g Weizenmehl
20 g Speisestärke
½ gestr. TL Dr. Oetker Backin

FÜR DEN BELAG:

390 g abgetropfte Stachelbeeren (aus dem Glas)
300 ml Stachelbeersaft (aus dem Glas)
1 Pck. Dr. Oetker Pudding-Pulver Vanille-Geschmack
2 Pck. Sahnesteif
2 EL Puderzucker
400 g Schlagsahne (mind. 30 % Fett)
18 flache, runde Vollkornkekse (z. B. Haferkekse, etwa 125 g)

ZUM GARNIEREN UND VERZIEREN:

etwa 12 g gehackte Pistazienkerne
50 g weiße Schokolade
1 TL Sonnenblumenöl

---

1. Den Backofen vorheizen.
Ober-/Unterhitze: etwa 200 °C
Heißluft: etwa 180 °C

2. Für den Teig Eier mit einem Mixer (Rührstäbe) auf höchster Stufe in 1 Minute schaumig schlagen. Zucker mit Vanillin-Zucker mischen, in 1 Minute einstreuen, dann noch etwa 2 Minuten weiterschlagen. Mehl mit Speisestärke und Backpulver mischen, auf die Eiercreme geben und kurz auf niedrigster Stufe unterrühren.

3. Einen Backrahmen (20 x 30 cm) auf ein Backblech (gefettet, mit Backpapier belegt) stellen. Teig einfüllen und glatt streichen. Das Backblech in den vorgeheizten Backofen schieben. Die Biskuitplatte **etwa 10 Minuten backen.**

4. Das Backblech auf einen Kuchenrost stellen. Den Backrahmen vorsichtig mit einem Messer lösen und entfernen. Die Biskuitplatte auf einen mit Backpapier belegten Kuchenrost stürzen und erkalten lassen.

5. Anschließend mitgebackenes Backpapier von der Biskuitplatte abziehen. Die Biskuitplatte auf ein Backblech oder eine Tortenplatte legen und den gesäuberten Backrahmen darumstellen.

6. Für den Belag von den Stachelbeeren den Saft auffangen und 300 ml abmessen. Pudding-Pulver mit 6 Esslöffeln von dem Stachelbeersaft in einem Topf anrühren, dann den restlichen Saft hinzufügen. Alles unter Rühren aufkochen lassen. Die Stachelbeeren unterheben. Die heiße Masse auf der Biskuitplatte verstreichen und abkühlen lassen.

7. Sahnesteif mit Puderzucker mischen, die Sahne damit steif schlagen und auf der Stachelbeermasse verstreichen. Die Kekse auf der Sahneschicht verteilen. Den Kuchen mindestens 1 Stunde in den Kühlschrank stellen.

8. Zum Garnieren und Verzieren Pistazien sehr fein hacken. Schokolade in Stücke brechen und mit dem Öl in einem kleinen Topf im Wasserbad bei schwacher Hitze unter Rühren schmelzen lassen. Auf jeden Keks einen Klecks Schokolade geben und darauf die Pistazien streuen. Schokolade fest werden lassen.

9. Den Backrahmen mit einem Messer vorsichtig lösen und entfernen. Kuchen in Stücke schneiden.

62 MAUERSCHNITTEN 24 STÜCKE

PRO STÜCK: E: 4 g, F: 15 g, Kh: 29 g, kJ: 1138, kcal: 272, BE: 2,5
ZUBEREITUNGSZEIT: 40 Minuten, ohne Kühlzeit
BACKZEIT: 15–20 Minuten

ERFRISCHEND

FÜR DEN ALL-IN-TEIG:
200 g Weizenmehl
3 gestr. TL Dr. Oetker Backin
3 Eier (Größe M)
150 g Zucker
1 Pck. Dr. Oetker Finesse Orangenschalen-Aroma
125 g Butter oder Margarine (zimmerwarm)
150 ml Multivitaminsaft

FÜR DEN BELAG:
750 ml Multivitaminsaft
3 Pck. gezuckerter Tortenguss, klar
6 Blatt weiße Gelatine
250 ml Buttermilch
500 g Schlagsahne (mind. 30 % Fett)
20 g Zucker
etwa 24 Choco Leibniz (Butterkekse mit Schokolade, z. B. je 12 Vollmilch und Edelherb)

---

1. Den Backofen vorheizen.
Ober-/Unterhitze: etwa 180 °C
Heißluft: etwa 160 °C

2. Für den Teig Mehl mit Backpulver in einer Rührschüssel mischen. Restliche Zutaten hinzufügen und alles mit einem Mixer (Rührstäbe) erst kurz auf niedrigster, dann auf höchster Stufe in etwa 2 Minuten zu einem glatten Teig verarbeiten.

3. Den Teig auf ein Backblech (30 x 40 cm, gefettet, mit Backpapier belegt) geben und glatt streichen. Das Backblech in den vorgeheizten Backofen schieben. Die Gebäckplatten **15–20 Minuten backen.**

4. Die Gebäckplatte auf einen mit Backpapier belegten Kuchenrost stürzen. Die Platte erkalten lassen, dann mitgebackenes Backpapier abziehen. Gebäckplatte wieder auf das Backblech legen. Einen Backrahmen darumstellen.

5. Für den Belag aus dem Saft und Tortengusspulver nach Packungsanleitung einen Guss zubereiten und auf der Gebäckplatte verteilen. Die Platte etwa 30 Minuten in den Kühlschrank stellen.

6. Gelatine nach Packungsanleitung einweichen. Die Hälfte der Buttermilch erwärmen. Gelatine leicht ausdrücken und unter Rühren darin auflösen. Restliche Buttermilch unterrühren.

7. Sahne mit Zucker steif schlagen, unter die Buttermilch-Gelatine-Flüssigkeit heben und die Creme auf der Multivitaminschicht verstreichen.

8. Die Kuchenoberfläche in Schnitten einteilen und dekorativ mit den Butterkeksen belegen. Die Schnitten etwa 1 Stunde in den Kühlschrank stellen. Vor dem Servieren Backrahmen lösen und entfernen. Den Kuchen in 24 Schnitten schneiden

66 SPEKULATIUS-HEFE-ROLLE UND SPEKULATIUS-SCHNECKEN 18 STÜCKE

PRO STÜCK: E: 5 g, F: 14 g, Kh: 42 g, kJ: 1391, kcal: 333, BE: 3,5
ZUBEREITUNGSZEIT: 45 Minuten, ohne Teiggeh- und Kühlzeit
BACKZEIT: Rolle etwa 30 Minuten
Schnecken etwa 15 Minuten

MIT LIKÖR

FÜR DEN HEFETEIG:
375 g Weizenmehl (Type 550)
21 g frische Hefe
50 ml lauwarme Milch
50 g Zucker
1 Pck. Dr. Oetker Vanillin-Zucker
125 g Crème fraîche
75 g zerlassene, abgekühlte Butter oder Margarine
1 Ei (Größe M)

FÜR DIE FÜLLUNG:
200 g getrocknete Aprikosen
100 g getrocknete Mangostreifen
100 ml Mandellikör

FÜR DEN BELAG:
200 g Gewürz-Spekulatiuskekse
100 g zerlassene, abgekühlte Butter

ZUM BESTREICHEN:
25 g zerlassene, abgekühlte Butter

ZUM BESTREICHEN FÜR DIE SCHNECKEN:
4 EL Apfelgelee oder Aprikosen-Fruchtaufstrich

1. Für den Teig Mehl in eine Rührschüssel geben und in die Mitte eine Vertiefung eindrücken. Hefe hineinbröckeln, mit etwas Milch und Zucker verrühren und etwa 15 Minuten stehen lassen.

2. Anschließend restliche Zutaten für den Teig hinzufügen und mit einem Mixer (Knethaken) zunächst kurz auf niedrigster, dann auf höchster Stufe in etwa 5 Minuten zu einem glatten Teig verarbeiten. Den Teig zugedeckt so lange an einem warmen Ort gehen lassen, bis er sich sichtbar vergrößert hat (etwa 30 Minuten).

3. Für die Füllung Aprikosen und Mango in kleine Würfel schneiden und in eine Schüssel geben. Die Fruchtwürfel mit dem Likör vermischen und zugedeckt etwa 20 Minuten durchziehen lassen.

4. Für den Belag Spekulatius in einen Gefrierbeutel füllen. Den Beutel fest verschließen und das Gebäck mit einer Teigrolle fein zerbröseln. Zwei Esslöffel von den Bröseln abnehmen und beiseitestellen. Die restlichen Brösel mit der Butter verrühren.

5. Den Hefeteig leicht mit Mehl bestäuben und auf einer leicht bemehlten Arbeitsfläche nochmals kurz durchkneten. Den Teig auf der leicht bemehlten Arbeitsfläche zu einem Rechteck (etwa 30 x 40 cm) ausrollen.

6. Die Brösel-Butter-Mischung darauf verstreichen, dabei rundherum einen etwa 1 cm breiten Rand freilassen. Die

Frucht-Likör-Mischung auf der Brösel-Butter-Mischung verteilen. Die Teigplatte von der längeren Seite aus aufrollen. Die Rolle halbieren.

7. Eine Teigrolle mit der Naht nach unten auf ein Backblech (mit Backpapier belegt) legen. Die zweite Teigrolle mit einem scharfen Messer in 9 gleich große Scheiben schneiden. Die Teigscheiben mit etwas Abstand ebenfalls auf ein Backblech (mit Backpapier belegt) legen. Die Teigrolle und die -scheiben mit der Butter bestreichen. Die Teigrolle zusätzlich mit den 2 beiseitegestellten Esslöffeln Spekulatiusbröseln bestreuen.

8. Die Gebäcke nochmals an einem warmen Ort gehen lassen, bis sie sich sichtbar vergrößert haben (die Schnecken etwa 15 Minuten, die Teigrolle 20–30 Minuten).

9. In der Zwischenzeit den Backofen vorheizen.
Ober-/Unterhitze: etwa 180 °C
Heißluft: etwa 160 °C

10. Zuerst das Backblech mit den Schnecken in den vorgeheizten Backofen schieben. Die Schnecken **etwa 15 Minuten backen.** Dann das Backblech mit der Teigrolle in den Backofen schieben. Die Rolle **etwa 30 Minuten backen.**

11. Zum Bestreichen für die Schnecken Apfelgelee oder Fruchtaufstrich in einem kleinen Topf kurz aufkochen. Die Schnecken sofort nach dem Backen damit bestreichen. Die Schnecken und die Teigrolle mit dem Backpapier auf einen Kuchenrost ziehen und erkalten lassen. Die Teigrolle zum Servieren in 9 Scheiben schneiden.

Tipps: Statt Mandellikör können Sie für eine alkoholfreie Variante auch Orangen- oder Apfelsaft verwenden. Statt der Schnecken können Sie auch die 2. Teigrolle mit auf das Backblech legen, so geht's etwas schneller.

68 ZWIEBACK-STREUSEL-KUCHEN 20 STÜCKE

PRO STÜCK: E: 5 g, F: 12 g, Kh: 34 g, kJ: 1407, kcal: 267, BE: 3,0
ZUBEREITUNGSZEIT: 35 Minuten, ohne Ruhe- und Abkühlzeit
BACKZEIT: etwa 30 Minuten

FÜR DIE KAFFEETAFEL

FÜR DIE ZWIEBACKSTREUSEL:

125 g Butter
150 g Zwieback
100 g gem. Mandeln
60 g Zucker
½ TL gem. Zimt

FÜR DEN HEFETEIG:

375 g Weizenmehl
1 Pck. Hefeteig Garant
1 Pck. Dr. Oetker Vanillin-Zucker
50 g Zucker
50 g Butter oder Margarine (zimmerwarm)
125 ml Milch (3,5 % Fett)
1 Ei (Größe M)

ZUM BESTREICHEN:

3–4 EL Milch (3,5 % Fett)

FÜR DEN BELAG:

385 g abgetropfte Pflaumen (aus dem Glas)
1 Pck. Backfeste Pudding-Creme (Puddingcremepulver ohne Kochen)
250 ml Milch (3,5 % Fett)

ZUM BESTREICHEN:

2–3 EL Aprikosen-Fruchtaufstrich oder Apfelgelee

1. Für die Zwiebackstreusel Butter zerlassen und etwas abkühlen lassen. Zwiebäcke in einen Gefrierbeutel geben. Den Beutel verschließen. Zwiebäcke mit einer Teigrolle fein zerbröseln. Die Brösel mit Mandeln, Zucker und Zimt in einer Rührschüssel vermischen. Die Butter hinzugeben und die Zutaten mit einem Mixer (Rührstäbe) zuerst auf niedrigster, dann auf höchster Stufe zu Streuseln von gewünschter Größe verarbeiten.

2. Für den Hefeteig Mehl mit Hefeteig Garant in einer Rührschüssel mischen. Vanillin-Zucker, Zucker, Butter oder Margarine, Milch und Ei hinzufügen, mit einem Mixer (Knethaken) etwa 2 Minuten zu einem glatten Teig verarbeiten.

3. Den Teig mit Mehl bestäuben und auf der leicht bemehlten Arbeitsfläche kurz durchkneten, auf einem Backblech (30 x 40 cm, gefettet) ausrollen und mit Milch bestreichen. Die Streusel auf dem Teigboden verteilen. Den Teig etwa 15 Minuten ruhen lassen.

4. Inzwischen den Backofen vorheizen.
Ober-/Unterhitze: etwa 200 °C
Heißluft: etwa 180 °C

5. Für den Belag von den abgetropften Pflaumen 10 Hälften beiseitelegen. Restliche Pflaumen in etwa 1 cm große Stücke schneiden. Die backfeste Pudding-creme mit der Milch nach Packungsanleitung zubereiten.

6. Mit einem Esslöffel in gleichmäßigen Abständen 20 Vertiefungen in den Teig drücken. Die Puddingcreme und die Pflaumenstücke mithilfe eines Teelöffels abwechselnd in die Teigvertiefungen geben. Die beiseitegelegten Pflaumenhälften auf den Pflaumenstücken verteilen.

7. Das Backblech in den vorgeheizten Backofen schieben. Den Kuchen **etwa 30 Minuten backen.**

8. Das Backblech auf einen Kuchenrost stellen. Zum Bestreichen Fruchtaufstrich oder Gelee in einem kleinen Topf kurz aufkochen lassen. Den Pudding- und Pflaumenbelag sofort damit bestreichen. Den Kuchen erkalten lassen.

70 QUARK-TRIFLE-TORTE 14 STÜCKE

PRO STÜCK: E: 8 g, F: 17 g, Kh: 26 g, kJ: 1243, kcal: 297, BE: 2,0
ZUBEREITUNGSZEIT: 45 Minuten, ohne Kühlzeit

WEISSE SÜNDE

FÜR DEN BODEN:

120 g Löffelbiskuits
100 g Butter
50 g gehackte Zartbitter-Schokolade oder Zartbitter-Raspelschokolade

FÜR DEN BELAG:

6 Blatt weiße Gelatine
500 g Magerquark
125 g Crème double
60 g Zucker
1 Pck. Dr. Oetker Vanillin-Zucker
100 ml Blutorangensaft
50 ml Zitronensaft
50 g geriebene Zartbitter-Schokolade oder Zartbitter-Raspelschokolade

FÜR DIE FÜLLUNG:

80 g Löffelbiskuits

FÜR DEN GUSS:

250 ml Multivitaminsaft oder Maracujanektar
20 g Zucker
1 Pck. Tortenguss, klar

ZUM VERZIEREN:

200 g Schlagsahne (mind. 30 % Fett)
1 Pck. Sahnesteif

1. Für den Boden Löffelbiskuits in einen Gefrierbeutel geben und den Beutel verschließen. Löffelbiskuits mit einer Teigrolle fein zerbröseln. Die Biskuitbrösel in eine Rührschüssel geben. Butter zerlassen, zu den Bröseln geben und gut verrühren. Schokolade hinzugeben und gut unterrühren.

2. Einen Springformrand (Ø 26 cm) auf eine mit Tortenspitze oder Backpapier belegte Tortenplatte stellen. Die Bröselmasse gleichmäßig darin verteilen und mit einem Löffel gut zu einem Boden andrücken. Den Tortenboden in den Kühlschrank stellen.

3. Für den Belag Gelatine nach Packungsanleitung einweichen. Quark mit Crème double, Zucker und Vanillin-Zucker gut verrühren. Eingeweichte Gelatine leicht ausdrücken und in einem kleinen Topf unter Rühren bei schwacher Hitze auflösen.

4. Zwei bis drei Esslöffel der Quarkmasse mit der Gelatine verrühren, dann mit der restlichen Quarkmasse verrühren. Die Quarkmasse halbieren.

5. Unter eine Quarkhälfte den Blutorangensaft rühren. Die restliche Quarkmasse mit dem Zitronensaft und der geriebenen Schokolade oder Raspelschokolade (etwa 1 Esslöffel zurücklassen) verrühren.

6. Die Blutorangensaft-Masse auf den Boden geben und glatt streichen. Die Löffelbiskuits darauf verteilen. Die Form etwa 15 Minuten in den Kühlschrank stellen.

7. Anschließend vorsichtig die Zitronen-Quark-Masse daraufgeben und glatt streichen. Die Torte etwa 2 Stunden in den Kühlschrank stellen.

8. Aus Saft oder Nektar, Zucker und Tortengusspulver einen Guss nach Packungsanleitung zubereiten. Guss kurz etwas abkühlen lassen (der Guss muss noch streichfähig sein) und vorsichtig von der Mitte aus auf die Torte geben. Dabei außen einen etwa 2 cm breiten Rand frei lassen. Die Torte etwa 1 Stunde in den Kühlschrank stellen.

9. Den Tortenring lösen und entfernen. Zum Verzieren Sahne mit Sahnesteif steif schlagen. Die Sahne auf die Fruchtschicht geben und so verstreichen, dass ein etwa 1 cm breiter Rand bleibt.

10. Zum Schluss die Sahne mit der beiseitegestellten geriebenen Schokolade oder Raspelschokolade bestreuen.

Tipp: Statt Maracujanektar oder Multivitaminsaft Blutorangensaft verwenden.

72 MADELEINES-PFIRSICH-CHARLOTTE 14 STÜCKE

PRO STÜCK: E: 4 g, F: 20 g, Kh: 41 g, kJ: 1517, kcal: 362, BE: 3,5
ZUBEREITUNGSZEIT: 35 Minuten, ohne Kühlzeit

FRUCHTIG UND EDEL

FÜR DEN RAND UND DEN BODEN:
450 g Madeleines Longues (französisches Gebäck)
200 g weiße Kuvertüre
50 g Schlagsahne

FÜR DIE PFIRSICHCREME:
5 reife Pfirsiche oder **10** abgetropfte Pfirsichhälften (aus der Dose)
2 Pck. Paradiescreme Zitronen-Geschmack (Dessertpulver)
250 g Schlagsahne
250 g Pfirsichjoghurt (3,5 % Fett)

1. Für den Rand und den Boden 27–30 Madeleines halbieren (eine Hälfte sollte etwa 5 cm lang sein). Die restlichen Madeleines mit den Händen fein zerbröseln. Von der Kuvertüre etwa 40 g mit einem Messer oder Sparschäler in Spänen abhobeln und zum Garnieren beiseitestellen.

2. Die restliche Kuvertüre in Stücke hacken. Die Sahne in einen Topf geben und unter Rühren aufkochen lassen. Den Topf von der Kochstelle nehmen.

3. Die Kuvertürestücke zu der heißen Sahne geben und unter Rühren darin auflösen. Die Madeleines-Brösel zu der Kuvertürensahne geben. Die Zutaten gut vermischen.

4. Die Masse in eine Springform (Ø 26 cm, Boden gefettet, mit Backpapier belegt) geben und mit einem feuchten Löffel fest zu einem Boden andrücken. Die vorbereiteten Madeleines-Hälften mit der Schnittfläche nach unten und der Wölbung nach außen auf den Bröselboden an den Springformrand stellen. Den vorbereiteten Tortenboden und -rand zugedeckt in den Kühlschrank stellen.

5. Für die Pfirsichcreme die frischen Pfirsiche kreuzweise einschneiden, mit kochendem Wasser übergießen und etwa 30 Sekunden darin liegen lassen. Die Pfirsiche mit kaltem Wasser abschrecken, enthäuten, vierteln und entkernen. Die Pfirsichhälften aus der Dose halbieren.

6. Aus Dessertpulver, Sahne und Joghurt eine Creme nach Packungsanleitung, aber mit den hier angegebenen Zutaten, zubereiten.

7. Die Pfirsichviertel auf dem Tortenboden verteilen, dabei 4 Pfirsichviertel in Spalten schneiden und zum Garnieren beiseitelegen. Die Pfirsichcreme auf die Pfirsiche geben und glatt streichen. Die Madeleines-Pfirsich-Charlotte zugedeckt mindestens 4 Stunden in den Kühlschrank stellen.

8. Die Madeleines-Pfirsich-Charlotte vorsichtig aus der Springform lösen und auf eine Tortenplatte setzen. Die Torte mit den Kuvertürespänen und den beiseitegelegten Pfirsichvierteln garnieren.

Tipp: Die Charlotte evtl. mit dem Backpapier vom Springformboden auf eine Tortenplatte ziehen.

74 KALTER HUND MIT ERDBEEREN 20 STÜCKE

PRO STÜCK: E: 3 g, F: 24 g, Kh: 29 g, kJ: 1426, kcal: 341, BE: 2,5
ZUBEREITUNGSZEIT: 40 Minuten, ohne Kühlzeit

DER KLASSIKER MAL ANDERS

ZUM VORBEREITEN:
300 g Butterkekse

FÜR DIE ERDBEER-SCHOKOLADEN-CREME:
250 g Kokosfett
500 g Trumpf Schogetten Joghurt-Erdbeer
3 EL Erdbeerkonfitüre

ZUM GARNIEREN:
4–6 Erdbeeren
1 EL Kakaopulver
50 g weiße Kuchenglasur

1. Zum Vorbereiten den Boden einer Kastenform (etwa 30 x 11 cm, mit Frischhaltefolie ausgelegt) mit Butterkeksen auslegen, dabei evtl. einige Butterkekse mit einem Sägemesser zurechtschneiden oder zerbrechen.

2. Für die Erdbeer-Schokoladen-Creme das Kokosfett in Stücke schneiden und in einem Topf im Wasserbad bei schwacher Hitze unter Rühren schmelzen. Den Topf aus dem Wasserbad nehmen. 400 g Schogetten zu dem heißen Kokosfett geben und unter Rühren darin auflösen. Die Erdbeerkonfitüre unterrühren. Die restlichen Schogetten fein hacken.

3. Von der Erdbeer-Schokoladen-Creme etwa 4 Esslöffel auf die Butterkekse in der Form geben und glatt streichen. Die Erdbeer-Schokoladen-Creme mit einigen gehackten Schogetten bestreuen und mit einer Schicht aus Butterkeksen belegen. An die längeren Seiten der Kastenform die Butterkekse dicht aneinander an den Rand stellen.

4. Abwechselnd die Erdbeer-Schokoladen-Creme, die gehackten Schogetten und die Butterkekse in die Kastenform schichten, bis die Zutaten aufgebraucht sind. Die letzte Schicht sollte aus Butterkeksen bestehen. Den Kalten Hund zugedeckt etwa 5 Stunden (am besten über Nacht) in den Kühlschrank stellen.

5. Zum Garnieren den Kalten Hund vorsichtig aus der Form auf eine Kuchenplatte stürzen. Die Frischhaltefolie entfernen. Die Erdbeeren abspülen, gut abtropfen lassen, nicht entstielen, aber evtl. halbieren.

6. Den Kalten Hund mit dem Kakao bestäuben und mit den Erdbeeren garnieren. Die Kuchenglasur in einem kleinen Topf im Wasserbad nach Packungsanleitung schmelzen. Den Kalten Hund mit der Glasur beträufeln.

76 NUSS-APRIKOSEN-SCHNITTEN 20 STÜCKE

PRO STÜCK: E: 3 g, F: 14 g, Kh: 27 g, kJ: 1046, kcal: 250, BE: 2,5
ZUBEREITUNGSZEIT: 30 Minuten, ohne Kühlzeit

SOMMERGENUSS

FÜR DEN BODEN:

300 g Haselnusskekse
175 g Nuss-Nougat
50 g Butter

FÜR DEN BELAG:

960 g abgetropfte Aprikosenhälften (aus der Dose)
500 ml Aprikosensaft (aus der Dose)
2 Pck. ungezuckerter Tortenguss, klar
400 g Schlagsahne (mind. 30 % Fett)
1 Pck. Sahnesteif
1 Pck. Dr. Oetker Vanillin-Zucker

ZUM VERZIEREN:

25 g Nuss-Nougat

---

1. Für den Boden Haselnusskekse in einen Gefrierbeutel geben. Den Beutel verschließen. Kekse mit einer Teigrolle fein zerbröseln. 2 Esslöffel der Keksbrösel abnehmen und zum Garnieren beiseitestellen. Restliche Keksbrösel in eine Rührschüssel geben.

2. Nougat mit Butter in einem kleinen Topf im heißen Wasserbad geschmeidig rühren. Nougat zu den Keksbröseln geben und gut verrühren.

3. Die Bröselmasse auf einem Backblech (30 x 40 cm, mit Backpapier belegt) verteilen und zu einem dünnen Boden andrücken. Einen Backrahmen darumstellen. Den Boden in den Kühlschrank stellen.

4. Dann für den Belag von den abgetropften Aprikosenhälften den Saft auffangen und 500 ml abmessen. Aprikosenhälften in Spalten schneiden. Einige Aprikosenspalten zum Garnieren beiseitelegen. Restliche Aprikosenspalten auf dem Bröselboden verteilen.

5. Aus Tortengusspulver und Saft, aber ohne Zucker einen Guss nach Packungsanleitung zubereiten. Den Guss auf den Aprikosenspalten verteilen. Den Kuchen etwa 1 Stunde in den Kühlschrank stellen.

6. Sahne mit Sahnesteif und Vanillin-Zucker steif schlagen. Die Sahne locker auf den Aprikosenspalten verteilen. Beiseitegestellte Keksbrösel daraufstreuen. Die Tortenoberfläche mit den beiseitegelegten Aprikosenspalten garnieren.

7. Zum Verzieren Nougat in einen kleinen Gefrierbeutel geben. Den Beutel verschließen. Nougat in dem Beutel im heißen Wasserbad schmelzen.

8. Den Beutel aus dem Wasserbad nehmen, trocken tupfen, leicht durchkneten und eine kleine Ecke abschneiden. Die Aprikosenspalten mit dem Nougat besprenkeln. Den Backrahmen lösen und entfernen. Zum Servieren den Kuchen in Schnitten schneiden.

Tipp: Die Schnitten schmecken auch mit Stachelbeeren oder Sauerkirschen. Sie können gut am Vortag zubereitet werden, dann erst kurz vor dem Servieren den Backrahmen lösen und entfernen.

78 DOPPELKEKS-TORTE 14 STÜCKE

PRO STÜCK: E: 4 g, F: 18 g, Kh: 32 g, kJ: 1269, kcal: 303, BE: 2,5
ZUBEREITUNGSZEIT: 30 Minuten, ohne Kühlzeit

SCHON EIN KLASSIKER

FÜR DIE TORTE:

21 Doppelkekse (mit Schokocreme gefüllt, Ø etwa 6 cm)

FÜR DIE CREME:

150 g weiße Kuvertüre
50 g Schlagsahne
4 Blatt weiße Gelatine
200 g Schlagsahne (mind. 30 % Fett)

ZUM GARNIEREN:

etwa 30 g weiße Kuvertüre

1. Einen Springformrand (Ø 20 cm) auf eine mit Tortenspitze oder Backpapier belegte Tortenplatte stellen. Den Boden mit 7 Keksen auslegen.

2. Für die Creme Kuvertüre in kleine Stücke hacken. Zwei Drittel davon mit der Sahne in einem Topf im Wasserbad bei schwacher Hitze unter Rühren schmelzen. Den Topf aus dem Wasserbad nehmen und die restliche Kuvertüre darin unter Rühren schmelzen.

3. Gelatine nach Packungsanleitung einweichen, leicht ausdrücken und in der heißen Kuvertüre unter Rühren auflösen.

4. Sahne steif schlagen. Die Kuvertüre in 2 Portionen nach und nach unterrühren (Kuvertüre darf nicht zu kalt werden).

5. Die Hälfte der Creme auf den Keksboden geben und glatt streichen. 7 weitere Kekse so auf die Creme legen, dass sie versetzt zu den unteren Keksen liegen.

6. Dann restliche Creme darauf verteilen. Die restlichen Kekse wieder versetzt darauflegen und vorsichtig in die Creme drücken. Die Torte etwa 2 Stunden in den Kühlschrank stellen.

7. Den Springformrand mit einem Messer lösen und entfernen.

8. Zum Garnieren Kuvertüre mit einem Sparschäler zu Locken schaben und anschließend auf die Tortenoberfläche streuen.

Tipp: Wenn keine Kinder mitessen, können Sie auch etwa 4 Esslöffel Orangenlikör mit etwa 2 Esslöffeln Orangensaft verrühren und die Doppelkekse damit vor dem Einschichten bestreichen. Die bestrichene Keksseite dann jeweils auf die Kuvertürecreme legen.

80 ÜBERRASCHUNGSTORTE 14 STÜCKE

PRO STÜCK: E: 4 g, F: 17 g, Kh: 22 g, kJ: 1071, kcal: 256, BE: 2,0
ZUBEREITUNGSZEIT: 45 Minuten, ohne Kühlzeit

FÜR SCHOKOLIEBHABER

FÜR DIE CREME:
175 g Zartbitter-Schokolade (etwa 50 % Kakaoanteil)
2 gestr. EL Speisestärke
250 ml Milch (3,5 % Fett)
150 g Butter (zimmerwarm)

FÜR DEN BODEN:
125–150 ml Milch
1 Pck. Dr. Oetker Vanillin-Zucker
etwa 250 g Löffelbiskuits

ZUM VERZIEREN:
25 g Zartbitter-Schokolade (etwa 50 % Kakaoanteil)
½ TL Speiseöl

ZUM BESTÄUBEN:
1 TL Kakaopulver

---

1. Für die Creme Schokolade in kleine Stücke brechen. Die Speisestärke mit 5 Esslöffeln von der Milch in einer Schüssel anrühren.

2. Restliche Milch in einem Topf zum Kochen bringen. Den Topf von der Kochstelle nehmen, angerührte Speisestärke einrühren und nochmals kurz unter Rühren aufkochen lassen. Den Topf wieder von der Kochstelle nehmen. Die Schokolade unter Rühren in dem Stärkepudding schmelzen und die Puddingmasse erkalten lassen (nicht kalt stellen), dabei gelegentlich umrühren.

3. Die Butter mit einem Mixer (Rührstäbe) auf höchster Stufe geschmeidig rühren. Den Schokoladenpudding portionsweise unterrühren, dabei darauf achten, dass Butter und Pudding Zimmertemperatur haben, da die Creme sonst gerinnt.

4. Einen Tortenring oder Springformrand (Ø 26 cm) auf eine mit Backpapier belegte Tortenplatte setzen.

5. Milch mit Vanillin-Zucker verrühren. Die Hälfte der Löffelbiskuits mit der Zuckerseite nach oben als Boden auf die Tortenplatte legen. Die Löffelbiskuits mit der Hälfte der Vanillin-Milch bestreichen. Die Hälfte der Schokoladencreme daraufgeben und verstreichen.

6. Die restlichen Löffelbiskuits auf der Creme verteilen und mit der restlichen Vanillin-Milch bestreichen. Die restliche Schokoladencreme daraufgeben und wellenartig verstreichen.

7. Die Torte mindestens 2 Stunden, am besten über Nacht, in den Kühlschrank stellen.

8. Zum Verzieren Tortenring oder Springformrand lösen und entfernen. Schokolade in kleine Stücke brechen, mit Öl in einem kleinen Topf im Wasserbad bei schwacher Hitze schmelzen. Die Schokolade in ein Papierspritztütchen oder einen kleinen Gefrierbeutel füllen, eine kleine Spitze abschneiden und Torte damit verzieren. Zum Servieren die Torte mit Kakaopulver bestäuben.

82 KALTER HUND IN WEISS 16–18 STÜCKE

PRO STÜCK: E: 5 g, F: 21 g, Kh: 38 g, kJ: 1533, kcal: 366, BE: 3,0
ZUBEREITUNGSZEIT: 40 Minuten, ohne Kühlzeit

EXOTISCH AUFGEPEPPTER KLASSIKER

FÜR DIE SCHOKOLADENSAHNE:

550 g weiße Kuvertüre

250 g Schlagsahne

200 g getrocknete Früchte (z. B. Mango, Papaya und Ananas)

300 g Butterkekse

4 EL Kokosraspel

ZUM GARNIEREN:

2 EL Kokosraspel

100 g Physalis (Kapstachelbeeren)

1. Für die Schokoladensahne die Kuvertüre in Stücke hacken. Die Sahne in einen Topf geben und unter Rühren aufkochen lassen. Den Topf von der Kochstelle nehmen. Die Kuvertürestücke zu der heißen Sahne geben und unter Rühren darin auflösen. Die Schokoladensahne auf Zimmertemperatur abkühlen lassen.

2. Die getrockneten Früchte in kleine Stücke hacken. Die Schokoladensahne mit einem Schneebesen gut durchrühren. 3–4 Esslöffel von der Schokoladensahne in eine Kastenform (25 x 11 cm, mit Frischhaltefolie ausgelegt) geben und glatt streichen.

3. Die Schokoladensahne mit einer Schicht aus Butterkeksen belegen, die Butterkekse dafür evtl. mit einem Sägemesser zurechtschneiden oder zerbrechen.

4. Die Keksschicht mit 1 Esslöffel Kokosraspel bestreuen und wieder mit 3–4 Esslöffeln Schokoladensahne bestreichen. Dann mit einer weiteren Schicht aus Butterkeksen belegen, mit 1 Esslöffel Kokosraspel bestreuen und wieder mit 3–4 Esslöffeln Schokoladensahne bestreichen.

5. Die Hälfte der getrockneten Fruchtstückchen und 1 Esslöffel Kokosraspel auf die Schokoladensahne streuen und mit einem Löffel leicht andrücken.

6. Anschließend wieder 3–4 Esslöffel Schokoladensahne in die Kastenform geben und vorsichtig auf der Fruchtschicht verstreichen. Die Schokoladensahne mit einer Schicht aus Butterkeksen belegen, mit der restlichen Schokoladensahne bestreichen und mit den restlichen getrockneten Fruchtstückchen und den restlichen Kokosraspeln bestreuen. Die Frucht-Kokos-Schicht wieder mit einem Löffel leicht andrücken und mit den restlichen Butterkeksen belegen.

7. Den Kalten Hund mit Frischhaltefolie zudecken und mindestens 6 Stunden in den Kühlschrank stellen.

8. Den Kalten Hund vorsichtig aus der Form auf eine Kuchenplatte stürzen. Die Frischhaltefolie entfernen. Den Kalten Hund mit Kokosraspeln bestreuen und mit aus der Hülle gezupften, abgespülten und trocken getupften Physalis garnieren.

Rezeptvariante: **Kalter Hund** ganz klassisch. Dazu für eine Schokoladencreme 200 g Sahne erwärmen. Darin 150 g Kokosfett in Stücken, 150 g gehackte Zartbitter-Kuvertüre und 450 g gehackte Vollmilch-Kuvertüre unter Rühren schmelzen. 250 g Butterkekse abwechselnd mit der Schokoladencreme in eine Kastenform (25 x 11 cm, mit Frischhaltefolie ausgelegt) schichten. Dabei immer nur so viel Schokoladencreme auf der Keksschicht verteilen, dass diese bedeckt ist. Den Kalten Hund am besten über Nacht zugedeckt in den Kühlschrank stellen. Zum Servieren den Kalten Hund auf eine Platte stürzen. Die Folie entfernen. Kalten Hund in Scheiben schneiden.

84 ERDBEER-PANNA-COTTA-MUFFINS 12 STÜCK

PRO STÜCK: E: 4 g, F: 18 g, Kh: 26 g, kJ: 1183, kcal: 283, BE: 2,0
ZUBEREITUNGSZEIT: 35 Minuten, ohne Kühlzeit

GELINGT LEICHT

FÜR DEN RAND UND DEN BODEN:
375 g Butterkekse mit Zartbitter-Schokolade
25 g Butter

FÜR DIE PANNA-COTTA-FÜLLUNG:
6 Blatt weiße Gelatine
500 g Erdbeeren
300 g Schlagsahne
40 g Puderzucker
1 EL Zitronensaft

1. Die Mulden einer Muffinform (für 12 Muffins) mit Papierbackförmchen auslegen.

2. Für den Rand 24 Butterkekse jeweils mit einem Sägemesser von der kurzen Seite her 2-mal durchschneiden, sodass aus jedem Keks 3 gleich große Stangen entstehen.

3. Jeweils 6 Keksstangen gleichmäßig verteilt als Rand an die Papierbackförmchen stellen. Die Schokoladenseite soll dabei nach innen zeigen.

4. Die restlichen 3 Butterkekse in Stücke brechen, in einen Zerkleinerer (Blitzhacker) geben und fein zerbröseln.

5. Die Butter in einem kleinen Topf zerlassen und die Keksbrösel unterrühren. Die Bröselmasse mit einem Teelöffel gleichmäßig in den Papierbackförmchen verteilen und vorsichtig zu einem Boden andrücken.

6. Die Muffinform für etwa 30 Minuten in den Kühlschrank stellen.

7. Für die Füllung in der Zwischenzeit Gelatine nach Packungsanleitung einweichen. Die Erdbeeren abspülen, entstielen und gut auf Küchenpapier abtropfen lassen. 6 Erdbeeren zum Garnieren beiseitelegen. 250 g Erdbeeren pürieren. Restliche Erdbeeren fein würfeln.

8. Sahne mit Puderzucker und Erdbeerpüree in einem Topf unter Rühren zum Kochen bringen. Den Topf von der Kochstelle nehmen, die Gelatine leicht ausdrücken und in der heißen Erdbeersahne unter Rühren auflösen. Zitronensaft unterrühren.

9. Die Erdbeersahne in den Kühlschrank stellen und unter gelegentlichem Rühren erkalten lassen, bis sie beginnt zu gelieren. Dann die Erdbeerwürfel unterrühren.

10. Die Füllung gleichmäßig in den mit Butterkeksstangen ausgelegten Papierbackförmchen verteilen. Die zum Garnieren beiseitegelegten Erdbeeren halbieren und jeden Muffin mit einer Erdbeerhälfte belegen. Die Form mindestens 1 Stunde in den Kühlschrank stellen.

11. Die Erdbeer-Panna-Cotta-Muffins mit den Papierbackförmchen aus der Muffinform heben und servieren.

86 PRINZEN ROLLE TORTE MIT HEIDELBEEREN 14 STÜCKE

PRO STÜCK: E: 4 g, F: 16 g, Kh: 26 g, kJ: 1123, kcal: 268, BE: 2,0
ZUBEREITUNGSZEIT: 30 Minuten, ohne Kühlzeit

SCHMECKT AUCH PRINZESSINNEN

FÜR DEN BODEN:

60 g Butter
400 g Prinzen Rolle Kekse (Doppelkekse mit Schokoladenfüllung)

FÜR DIE HEIDELBEERCREME:

300 g Heidelbeeren
400 g Heidelbeerjoghurt (3,5 % Fett, zimmerwarm)
2 Beutel aus 1 Pck. Gelatine fix
250 g Schlagsahne (mind. 30 % Fett)
1 EL Zucker

---

1. Für den Boden Butter in einem kleinen Topf zerlassen. 4 Kekse vorsichtig von der Schokoladencreme schneiden. Die Schokoladencreme mit einem Messer vorsichtig abschaben und in eine Rührschüssel geben.

2. Die Kekse vorsichtig mit einem Sägemesser halbieren, sodass 16 Kekshälften entstehen.

3. Die restlichen Kekse und 2 der Kekshälften in einen Gefrierbeutel geben. Den Beutel fest verschließen. Die Kekse mit einer Teigrolle fein zerbröseln und ebenfalls in die Rührschüssel geben. Die zerlassene Butter hinzufügen und gut mit den Bröseln verrühren.

4. Die Bröselmasse in eine Springform (Ø 26 cm, Boden gefettet, mit Backpapier belegt) geben und mit einem Löffel fest zu einem Boden andrücken.

5. Den Bröselboden zugedeckt eine Zeit lang in den Kühlschrank stellen.

6. Für die Heidelbeercreme Heidelbeeren verlesen, abspülen, gut abtropfen lassen und entstielen. Den Joghurt in eine Rührschüssel geben und mit einem Mixer (Rührstäbe) kurz aufschlagen. 1 Beutel Gelatine fix unter Rühren in etwa 1 Minute einstreuen.

7. In einer anderen Rührschüssel die Sahne steif schlagen. Dann das restliche Gelatine fix und den Zucker unter Rühren in etwa 1 Minute einstreuen. Die Sahne unter den Joghurt heben.

8. Die Heidelbeercreme auf den Bröselboden geben und glatt streichen. Die Heidelbeeren auf der Tortenoberfläche verteilen.

9. Die Prinzen Rolle Torte zugedeckt mindestens 3 Stunden in den Kühlschrank stellen.

10. Die Prinzen Rolle Torte aus der Form lösen und auf eine Tortenplatte setzen. Die Kekshälften an den Tortenrand stellen und vorsichtig andrücken.

Tipps: Die Prinzen Rolle Torte schmeckt frisch am besten. Die Torte schmeckt auch mit Himbeeren sehr lecker. Ersetzen Sie dafür die Heidelbeeren durch die gleiche Menge Himbeeren und den Heidelbeerjoghurt durch die gleiche Menge Himbeerjoghurt.

88 SCHOKO-VITAMALZ-TORTE 14 STÜCKE

PRO STÜCK: E: 3 g, F: 19 g, Kh: 34 g, kJ: 1354, kcal: 323, BE: 3,0
ZUBEREITUNGSZEIT: 40 Minuten, ohne Kühlzeit

SCHOKO-FRUCHT-GENUSS

FÜR DEN TEIG:
200 g knusprige Gebäckröllchen
50 g Löffelbiskuits
70 g Butter

ZUM BESTREICHEN:
125 g Schwarzkirsch-Konfitüre

FÜR DIE FÜLLUNG:
7 Blatt weiße Gelatine
150 g Zartbitter-Kuvertüre
330 ml Vitamalz alkoholfrei
40 g Zucker
240 g abgetropfte Aprikosenhälften (aus der Dose)
300 g Schlagsahne (mind. 30 % Fett)
1 Pck. Sahnesteif

FÜR DEN BELAG:
40 g Schwarzkirsch-Konfitüre

---

1. Für den Teig 7 Gebäckröllchen halbieren und beiseitelegen. Die restlichen Röllchen und die Löffelbiskuits in Stücke brechen, in einen Zerkleinerer (Blitzhacker) geben und zu feinen Bröseln verarbeiten. Die Butter zerlassen, die Brösel dazugeben und gut untermischen.

2. Einen Tortenring oder Springformrand (Ø 26 cm) auf eine mit Backpapier belegte Tortenplatte stellen. Die Bröselmasse hineingeben und mit einem Löffel vorsichtig zu einem flachen Boden andrücken.

3. Die halbierten Gebäckröllchen in gleichmäßigem Abstand, mit der Schnittseite nach unten, an den Tortenring- bzw. Springformrand stellen und vorsichtig in den Bröselboden drücken. Den Boden zugedeckt etwa 20 Minuten in den Kühlschrank stellen.

4. Zum Bestreichen die Konfitüre in einem kleinen Topf unter Rühren aufkochen lassen, dann sofort auf dem Bröselboden verstreichen. Den Boden nochmals etwa 15 Minuten zugedeckt in den Kühlschrank stellen.

5. Für die Füllung Gelatine nach Packungsanleitung einweichen. Die Kuvertüre in Stücke hacken. Vitamalz mit Zucker in einem Topf zum Kochen bringen. Den Topf von der Kochstelle nehmen, die Kuvertüre darin unter Rühren schmelzen. Gelatine leicht ausdrücken und unter Rühren in der Vitamalz-Kuvertüre-Masse auflösen. Die Masse in den Kühlschrank stellen, dabei zwischendurch umrühren.

6. Von den Aprikosenhälften 11 Stück zum Garnieren beiseitelegen. Restliche Aprikosen in kleine Würfel schneiden. Sobald die Vitamalz-Kuvertüre-Masse anfängt dicklich zu werden, die Aprikosenwürfel unterheben.

7. Sahne mit Sahnesteif steif schlagen. 2 Esslöffel Schlagsahne abnehmen, in einen Spritzbeutel mit Sterntülle (Ø etwa 7 mm) füllen und in den Kühlschrank legen. Restliche Schlagsahne unter die Vitamalz-Kuvertüre-Masse heben. Die Vitamalzcreme auf den Tortenboden geben und glatt streichen.

8. Die Aprikosenhälften mit der Rundung nach unten am Rand der Tortenoberfläche verteilen, dabei leicht in die Creme drücken.

9. Für den Belag die Konfitüre in einem kleinen Topf unter Rühren aufkochen lassen, dann sofort mithilfe eines Teelöffels in die Aprikosenhälften füllen. Die Torte mit der restlichen Sahne verzieren und zugedeckt etwa 2 Stunden in den Kühlschrank stellen.

10. Vor dem Servieren den Springformrand oder den Tortenring lösen und entfernen.

90 HAFERKEKS-FRÜCHTE-TORTE 12 STÜCKE

PRO STÜCK: E: 7 g, F: 24 g, Kh: 28 g, kJ: 1519, kcal: 363, BE: 2,5
ZUBEREITUNGSZEIT: 45 Minuten, ohne Durchzieh- und Kühlzeit

FÜR DIE FÜLLUNG:

200 g Erdbeeren
3 Nektarinen
5 EL Orangenlikör
50 g Puderzucker
1 EL Zitronensaft
2 geh. EL Zitronenmelisseblättchen

FÜR DEN RAND UND BODEN:

100 g Haferkekse (Taler)
125 g Schokomüsli
80 g Butter

FÜR DEN BELAG:

6 Blatt weiße Gelatine
250 g Mascarpone (ital. Frischkäse)
250 g Speisequark (20 % Fett)
25 g Zucker
150 g Joghurt (3,5 % Fett)
100 ml Fruchtsaft von den vorbereiteten Früchten

ZUM VERZIEREN UND GARNIEREN:

200 g Schlagsahne (mind. 30 % Fett)
1 Pck. Sahnesteif
einige vorbereitete Zitronenmelisseblättchen

---

1. Für die Füllung die Erdbeeren putzen, abspülen, gut abtropfen lassen und entstielen. 2–3 Erdbeeren beiseitelegen. Nektarinen abspülen, abtrocknen, halbieren und entsteinen. 1 Nektarinenhälfte beiseitelegen. Die Schnittfläche mit Zitronensaft beträufeln. Die Erdbeeren und Nektarinenhälften in kleine Stücke schneiden.

2. Orangenlikör mit Puderzucker verrühren. Zitronensaft und Zitronenmelisse unterrühren. Die Fruchtstücke untermischen und etwa 30 Minuten durchziehen lassen. Für den Tortenrand 50 g der Haferkekse (6–7 Stück) halbieren und beiseitelegen.

3. Für den Boden die restlichen Haferkekse in einen Gefrierbeutel geben. Den Beutel verschließen. Haferkekse mit einer Teigrolle fein zerbröseln. Die Keksbrösel mit dem Müsli in einer Schüssel vermischen. Butter zerlassen, zu der Brösel-Müsli-Mischung geben und gut verrühren.

4. Einen Springformrand (Ø 26 cm) auf eine mit Tortenspitze oder Backpapier belegte Tortenplatte stellen. Die Bröselmasse darin gleichmäßig mit einem Löffel gut zu einem Boden andrücken. Die beiseitegelegten Haferkekshälften so an den Springformrand stellen, dass die runde Seite nach außen zeigt und die Schnittflächen auf dem Boden stehen. Die Kekshälften etwas in den Bröselboden drücken. Den Tortenboden in den Kühlschrank stellen.

5. Für den Belag die Gelatine nach Packungsanleitung einweichen. Die Fruchtstücke in ein Sieb geben, dabei den Saft auffangen und 100 ml abmessen. Mascarpone mit Quark, Zucker und Joghurt in einer Schüssel verrühren, den aufgefangenen Saft unterrühren.

6. Eingeweichte Gelatine leicht ausdrücken und in einem kleinen Topf unter Rühren bei schwacher Hitze auflösen. Etwa 3 Esslöffel der Mascarponemasse mit der Gelatine verrühren, dann mit der restlichen Mascarponemasse verrühren. Die Masse in den Kühlschrank stellen.

7. Wenn die Mascarpone-Quark-Masse anfängt dicklich zu werden, die abgetropften Fruchtstücke unterheben. Masse auf den Bröselboden geben und glatt streichen. Die Torte 2–3 Stunden in den Kühlschrank stellen.

8. Sahne mit Sahnesteif steif schlagen und in einen Spritzbeutel mit Sterntülle (Ø etwa 7 mm) füllen. Beiseitegelegte Erdbeeren vierteln. Nektarinenhälfte in schmale Spalten schneiden. Die Tortenoberfläche mit der Sahne verzieren, mit Erdbeerstücken, Nektarinenspalten und Zitronenmelisse garnieren. Zum Servieren den Springformrand lösen und entfernen.

ALLGEMEINE HINWEISE

ABKÜRZUNGEN

EL	=	Esslöffel
TL	=	Teelöffel
Msp.	=	Messerspitze
Pck.	=	Packung/Päckchen
g	=	Gramm
kg	=	Kilogramm
ml	=	Milliliter
l	=	Liter
evtl.	=	eventuell
geh.	=	gehäuft
gestr.	=	gestrichen
gem.	=	gemahlen
ger.	=	gerieben
TK	=	Tiefkühlprodukt
°C	=	Grad Celsius
Ø	=	Durchmesser

KALORIEN-/NÄHRWERT-ANGABEN

E	=	Eiweiß
F	=	Fett
Kh	=	Kohlenhydrate
kcal	=	Kilokalorien
kJ	=	Kilojoule
BE	=	Broteinheiten

Bei den Nährwertangaben in den Rezepten handelt es sich um auf- bzw. abgerundete ganze Werte. Lediglich die Broteinheiten werden in 0,5er-Schritten mit einer Stelle nach dem Komma angegeben.
Aufgrund von ständigen Rohstoffschwankungen und/oder Rezepturveränderungen bei Lebensmitteln kann es zu Abweichungen kommen. Die Nährwertangaben dienen daher lediglich Ihrer Orientierung und eignen sich nur bedingt für die Berechnung eines Diätplans, zum Beispiel bei Krankheiten wie Diabetes.
Bei krankheitsbedingten Diäten richten Sie sich daher bitte nach den Anweisungen Ihres Diätassistenten bzw. Ihres Arztes.

ALLGEMEINE HINWEISE ZU DEN REZEPTEN

Lesen Sie bitte vor der Zubereitung – besser noch vor dem Einkauf – das Rezept einmal vollständig durch. Oft werden Arbeitsabläufe oder -zusammenhänge dann klarer.

ZUTATENLISTE

Die Zutaten sind in der Reihenfolge ihrer Verarbeitung aufgeführt.

ARBEITSSCHRITTE

Die Arbeitsschritte sind einzeln hervorgehoben, in der Reihenfolge, in der sie von uns ausprobiert wurden.

ZUBEREITUNGSZEITEN

Die Zubereitungszeit ist ein Anhaltswert für die Dauer der Vorbereitung und die eigentliche Zubereitung. Längere Wartezeiten wie Kühl- oder Abkühlzeiten, Auftau- und Durchziehzeiten sind, sofern parallel keine weitere Tätigkeit erfolgt, nicht in der Zubereitungszeit enthalten. Die Backzeiten werden gesondert ausgewiesen.

BACKOFENEINSTELLUNG UND BACKZEITEN

Die in den Rezepten angegebenen Backtemperaturen und Backzeiten sind Richtwerte, die je nach individueller Hitzeleistung Ihres Backofens über- oder unterschritten werden können. Machen Sie nach Beendigung der angegebenen Backzeit eine Garprobe. Die Temperaturangaben in diesem Buch beziehen sich auf Elektrobacköfen. Die Temperatureinstellungsmöglichkeiten für Gasbacköfen variieren je nach Hersteller, sodass wir keine allgemeingültigen Angaben machen können. Bitte beachten Sie deshalb bei der Einstellung des Backofens die Gebrauchsanleitung des Herstellers. Ein Backofenthermometer eignet sich dabei gut, um die Backofentemperatur im Blick zu haben.

EINSCHUBHÖHE

Hohe und halbhohe Formen werden im Allgemeinen auf dem Rost auf die untere Einschubleiste geschoben, flache Formen auf die mittlere Einschubleiste. Blechkuchen, Kleingebäck und Eiweißgebäck gelingen am besten in der Mitte des Backofens. Abweichungen sind möglich und von der Ausführung Ihres Backofens abhängig. Beachten Sie daher auch die Angaben Ihres Herstellers.

NUR FRISCHE EIER VERWENDEN

Bei der Zubereitung von Torten oder Tortenfüllungen mit frischen Eiern, die später nicht gebacken werden, nur Eier verwenden, die nicht älter als 5 Tage sind (Legedatum beachten!). Ei bzw. Eier in eine Rühr- oder Edelstahlschüssel geben und im heißen Wasserbad mit einem Mixer (Rührstäbe) bei mittlerer Hitze aufschlagen, bis eine Temperatur von etwa 70 °C entstanden ist. Die Torten im Kühlschrank aufbewahren und innerhalb von 24 Stunden verzehren.

Versuch macht klug!
Selbst mitmachen und die Dr. Oetker Versuchsküche live erleben – heißt es in Bielefeld. Dort finden regelmäßig Seminare und Vorführungen statt, bei denen den Profis der Versuchsküche über die Schulter geschaut und selbst Hand angelegt werden kann.
Es gibt wertvolle Tipps und so manch raffinierter Trick wird verraten. Zum Abschluss kann das Selbstgemachte in gemütlicher Runde probiert werden. Erleben Sie einen schönen Tag in der Dr. Oetker Versuchsküche.
Wir freuen uns auf Sie.
Alle Infos unter www.oetker.de oder unter 00800 71 72 73 74 (gebührenfrei in Deutschland).
Dr. Oetker
Dr. Oetker
Qualität ist das beste Rezept.

KAPITELREGISTER

GUT IN FORM

VOM BLECH WEG

OHNE ZU BACKEN

ALPHABETISCHES REGISTER

Umwelthinweis: Dieses Buch und der Einband wurden auf chlorfrei gebleichtem Papier gedruckt. Die Einschrumpffolie – zum Schutz vor Verschmutzung – ist aus umweltfreundlichem und recyclingfähigem PE-Material.

Redaktion: Andrea Gloß

Titelfoto: Thomas Diercks, Hamburg

Innenfotos: Anke Politt, Hamburg(S. 51, 61, 73, 74, 82, 87)
Walter Cimbal, Hamburg (S. 46)
Thomas Diercks, Hamburg (S. 9, 14, 33)
Ulli Hartmann, Halle/Westf. (S. 63, 76)
Christiane Krüger, Hamburg (S. 4, 5, 6, 10, 11, 12, 17–25, 29, 30, 34–45, 48, 49, 52–59, 64–71, 78–81, 85, 88, 90)
Antje Plewinski, Berlin (S. 27)

Rezeptentwicklung und Foodstyling: Eike Upmeier-Lorenz, Hamburg

Nährwertberechnungen: Nutri Service, Hennef

Grafisches Konzept, Satz und Titelgestaltung: kontur:design, Bielefeld

Reproduktionen: Mohn Media Mohndruck GmbH, Gütersloh

Druck und Bindung: Firmengruppe APPL, aprinta Druck, Wemding

Wir danken für die freundliche Unterstützung: Bahlsen, Hannover
Coca-Cola, Berlin
Griesson – de Beukelaer, Polch
Ludwig Schokolade, Bergisch Gladbach
Vitamalz, Krefeld

ISBN: 978-3-7670-0793-2